Anton Schiefner

Versuch über die Sprache der Uden

Aus den Mémoires de l'Acad. Impériale des Sciences de St.Pétersb., 7. Ser., tome

VI, No 8

Anton Schiefner

Versuch über die Sprache der Uden
Aus den Mémoires de l'Acad. Impériale des Sciences de St.Pétersb., 7. Ser., tome VI, No 8

ISBN/EAN: 9783743611450

Hergestellt in Europa, USA, Kanada, Australien, Japan

Cover: Foto ©ninafisch / pixelio.de

Manufactured and distributed by brebook publishing software
(www.brebook.com)

Anton Schiefner

Versuch über die Sprache der Uden

MÉMOIRES

DE

L'ACADÉMIE IMPÉRIALE DES SCIENCES DE ST.-PÉTERSBOURG, VII° SÉRIE.

Tome VI, N° 8.

VERSUCH

ÜBER DIE

SPRACHE DER UDEN.

VON

A. Schiefner,

Mitgliede der Akademie.

Gelesen den 12. December 1862.

St. PETERSBURG, 1863.

Commissionäre der Kaiserlichen Akademie der Wissenschaften:

In St. Petersburg	In Riga	In Leipzig
Eggers et Comp.,	Samuel Schmidt,	Leopold Voss.

Preis: 90 Kop. = 1 Thlr.

Gedruckt auf Verfügung der Kaiserlichen Akademie der Wissenschaften.

K. Vesselofski, beständiger Secretär.

Im Mai 1863.

Klaproth erwähnt in dem im Jahre 1814 erschienenen Werke «Beschreibung der Russischen Provinzen zwischen dem kaspischen und schwarzen Meere», S. 177, eines im Gebiete von Scheki belegenen Dorfes Warntschin, dessen Einwohner nach seiner Ansicht einen lesghischen Dialekt sprechen, aus welchem er ein Dutzend Wörter und einen Satz mittheilt. Im November des Jahres 1835 scheint Sjögren bald nach seiner Ankunft in Tiflis durch den Umstand, dass er Gelegenheit erhielt, einen damals im geistlichen Seminar befindlichen Uden einige Tage zur Anlegung eines Vocabulars zu benutzen, zur Berichtigung der Klaproth'schen Angabe veranlasst worden zu sein. In einem Briefe an Frähn (Bulletin scientifique T. I. p. 118) hat er statt des auch in Hassel's Erdbeschreibung des Russischen Reiches übergegangenen falschen Namens Waratschin den richtigeren Wartaschin (gewöhnlicher Wartaschen) notirt (s. unten S. 3) notirt und auch in Betreff des lesghischen Dialekts sein Bedenken ausgesprochen. In Eichwald's Reise auf dem kaspischen Meere und in den Kaukasus (Stuttgart 1857) P. 1. Abth. 2. S. 16 findet sich die Angabe, dass in der schekinschen Provinz unfern dem einen der drei Dörfer Paddar ein Dorf Nidsh befindlich sei, dessen Bevölkerung «eine eigene Sprache spricht, die ohne Zweifel als ein Gemisch vom «Georgischen und Armenischen angesehen werden kann, weil sie zum Theil von georgischen «Armeniern verstanden wird. Dies Völkchen nennt sich Jemudi. . . . Wahrscheinlich sind «diese Jemuden ein Volk mit den Uden der schekinschen Provinz»... Im 2. Bande S. 364 wird dann folgende Vermuthung ausgesprochen: «Die erste Sylbe Jem vor dem Namen der Uden «könnte auf einen Finnenstamm, die Jemen oder Jamen bezogen werden, welche zwar jetzt «nur als kleines Völkchen(!) im Norden von Russland (!!) wohnen, aber ehedem vielleicht «mit den Aorsen und Uden an der Nordküste des kaspischen Meeres umherirrten». Einige Seiten vorher (S. 349), wo von den Uitiern des Strabo die Rede ist, heisst es: «Sie wohn- «ten ohne Zweifel bis zur Mündung der Wolga und erstreckten sich vielleicht noch weiter «nordwärts hinauf; im Norden des Kasan'schen Gouvernements wohnt noch jetzt am Flusse «Wjatka ein finnischer Volksstamm, die Wotjaken, die sich selbst Ud nennen... so lässt es sich «wohl annehmen, dass unter diesen Uti oder Uitii die Uden der heutigen Geographen zu «verstehen sind.» Wenn ich diese beiden Stellen, welche auf blosse Namensähnlichkeit hin kühne Vermuthungen in die Welt schickten , hier anführe, so geschieht dies nur, weil sie leider Anlass zu anderen Missgriffen gegeben haben. In dem Вѣстникъ Императорскаго русскаго географическаго Общества. Jahrgang 1858, Heft 2, Beilage S. 61, ersehen wir aus dem Berichte des Herrn A. Janowsky, dass bereits im Jahre 1847 die geographische Gesellschaft angeregt worden war, eine Untersuchung des Verwandtschaftsverhältnisses der Wotjaken und Uden zu veranlassen. Im Jahre 1852 erhielt die kaukasische Abtheilung der geographischen Gesellschaft von Seiner Eminenz dem damaligen Exarchen von Georgien Isidor ein Verzeichniss von 325 udischen Wörtern, welches von der geographischen Gesellschaft dem Druck übergeben (Словарь общеупотребительнѣйшихъ терминовъ кавказкихъ Удшовъ съ переводомъ на Русскій языкъ, Санктпетербургъ 1853, 50 + 6 Seiten in 4°) und in die verschiedenen Wotjakenbezirke versandt wurde, um die gewünschte Vergleichung zwischen dem Wotjakischen und Udischen anstellen zu lassen. Obwohl das Resultat negativer Natur war, haben die genannten Bemühungen doch insofern einigen Nutzen gebracht, als die an die geographische Gesellschaft zurückgelangten Exemplare des Wörterverzeichnisses, nachdem sie an die Akademie der Wissenschaften gekommen waren, manchen, wenn auch kleinen, Beitrag zur Kenntniss der verschiedenen Mundarten des Wotjakischen gewährten, wie dies von Ferd. Wiedemann in seinem Aufsatze zur «Dialektenkunde der wotjakischen Sprache» (Bull. hist. phil. T. XV. p. 250—256 = Mélanges russes T. III. p. 533—555) dargethan worden ist.

Dass die geographische Gesellschaft die genannten Wörterverzeichnisse der Akademie übergab, ist vornehmlich auf Antrag ihres Mitgliedes Janowsky geschehen, weil dieser in Erfahrung gebracht hatte, dass ich mich einer Behandlung der mir zu Gebote stehenden udischen Materialien widmen wollte. Den ersten Anlass gab mir eine mir im Jahre 1857 von dem Director des Tifliser Gymnasiums, Herrn Czermak, zugesandte, von dem Lehrer an der Kreisschule zu Nucha, Georg Beshanow, verfasste Sammlung udischer Gespräche, aus denen ich alsbald eine Einsicht in den Bau des Udischen erlangte. Hiezu konnte ich noch einen zum Besten der Uden verfassten Abriss der armenischen Grammatik nebst udischer Uebersetzung, welcher sich seit längerer Zeit im Asiatischen Museum der Akademie befindet und auch das von Sjögren während seines Aufenthaltes in Tiflis mit Hülfe des obenerwähnten udischen Seminaristen angeführte Wörterverzeichniss zu Rathe ziehen. Wenn diese Materialien auch ausreichten, um ein einigermassen genügendes Bild der Sprache zu entwerfen, welche nach den im Кавказъ 1853 Nr. 61 und daraus in Erman's Archiv für die wissenschaftliche Kunde Russlands B. XIII. S. 649 gegebenen Notizen das höchste Interesse der Sprachforscher in Anspruch nehmen musste, so stand ich dennoch an, etwas über dieselbe zu veröffentlichen, weil ich im Stillen hoffte, einen eingebornen Uden selbst benutzen zu können, um eine genauere Einsicht in die lautlichen Verhältnisse der Sprache zu gewinnen. Zu Anfang des Jahres 1860 übersandte der Director Czermak sämmtlichen auf das Udische bezüglichen Nachlass des einstweilen verstorbenen Beshanow der Akademie mit der Bitte, mir dasselbe zu übergeben. Obwohl ich mich sofort daran machte, die bei Weitem reichhaltigeren Texte, welche, ausser einem kurzen udischen Liede, sämmtlich Uebersetzungen aus dem Schulbuche Другъ дѣтей sind und auch ein, die Buchstaben A—O umfassendes, handschriftliches russisch-udisches Wörterbuch auszuheuten und ausserdem noch für die Grammatik eine wesentliche Hülfe an den von Be-shanow entworfenen Declinations- und Conjugationsparadigmen fand, so konnte ich mich dennoch nicht entschliessen, die Arbeit ohne genauere Ermittelung der lautlichen Verhält-nisse der Oeffentlichkeit zu übergeben. Es war mir daher sehr erwünscht, dass der zu An-fang des Jahres 1861 hier anwesende Hofrath Adolph Berger aus Tiflis sich erbot, an Ort und Stelle Nachforschungen über die mir zweifelhaften Punkte anzustellen. Etwa ein Jahr später liess mir der jetzige Friedensrichter M. Kowalensky, welcher sich im Auf-trage der kaukasischen Abtheilung der geographischen Gesellschaft in den Jahren 1853 und 54 mit der Erforschung des Udischen beschäftigt und dabei den obengenannten Georg Beshanow sowohl mündlich als brieflich zu Rathe gezogen hatte, sowohl sämmtliche ihm gebliebenen Materialien, als auch seinen eigenen Versuch über diese Sprache zur beliebigen Benutzung übergeben. Unter den Materialien befanden sich einige mir bis dahin unbekannte Texte, welche Beshanow verfasst hatte, und aus den Notizen über die einzelnen Laute konnte ich auch über diese hin und wieder genauere Belehrung schöpfen, obwohl ich in manchen Punkten es sehr bedauern muss, noch immer nicht selbst die udischen Laute ge-hört zu haben. Im October des laufenden Jahres endlich ward mir von Herrn Berger der Bericht über seine im Herbst dieses Jahres unternommene Reise zu den Uden und eine Antwort auf meine meist lautlichen Fragen mitgetheilt. Er hatte nicht nur Gelegenheit, den im Dorfe Wartaschen als Lehrer angestellten Bruder des verstorbenen Georg Besha-now, Stephan, für seine Zwecke zu befragen, sondern auch einen aus dem Dorfe Nidsh gebürtigen jungen Mann, Artemins Chamajanz, welcher seine Schulbildung in Moskau erhalten hatte, über manche Wörter seiner Mundart um Auskunft zu bitten.

Wenn wir nun auf die Frage antworten sollen, wer diese Uden seien und wohin ihre Sprache gehöre, so werden wir von vornherein von den obenerwähnten Beziehungen zu den verschiedenen finnischen Völkern und Sprachen absehen müssen. Jetzt ist das Udische nur auf die beiden schon mehrmals genannten Dörfer Wartaschen und Nidsh beschränkt. Das erstere derselben, dessen Namen man aus dem Armenischen ḳarmir Rose und avan Dorf herleitet, befindet sich etwa 35 Werst südöstlich von Nucha, und enthält eine aus Uden, Juden, Tataren und Armeniern gemischte Bevölkerung. Von den Uden gehören 110 Rauch-stellen der orthodox-griechischen, 110 aber der armenisch-gregorianischen Kirche an, aber nur die Hälfte bedient sich noch der udischen Sprache. Die Hauptbevölkerung des Dorfes machen die Juden aus, welche nach officiellen Angaben nur 156 Rauchstellen haben, ob-wohl sich leicht die vierfache Zahl ergeben dürfte. Sie sollen vor 120 Jahren aus Schir-wan und dem Dorfe Zalam, im Bezirk von Qabala, wo sie von den Muselmanen stark be-drängt worden, hieher gewandert sein und sprechen unter sich das Tat, obwohl sie ausser-dem noch tatarisch und persisch sprechen. Armenier nehmen 50 und Tataren, welche frü-her Uden gewesen zu sein scheinen, 40 Rauchstellen ein. Nach diesen, den Notizen des Herrn Berger entnommenen Angaben beläuft sich die Anzahl sämmtlicher Rauchstellen auf etwa 810. Das Dorf Nidsh oder Nish liegt 40 Werst von Wartaschen in der Nähe des

Flusses Türgän. Seine Bevölkerung soll 500 Familien betragen, welche alle zur armenisch-gregorianischen Kirche gehören und drei in neuerer Zeit erbaute Kirchen haben. Seidenzucht, Ackerbau und Viehzucht sind die Haupterwerbsquellen der Einwohner dieses Dorfes, das bedeutend wohlhabender als Wartaschen ist. Ausser diesen beiden Dörfern sollen die Einwohner der Dörfer Sultan-Nucha, Dshorly und Mirza Beglu im Bezirk von Qabala und des Dorfes Jangi-Kend im Bezirk von Nucha früher udisch gesprochen haben, während sie jetzt statt dessen tatarisch sprechen, obwohl sie sämmtlich zur armenisch-gregorianischen Kirche gehören. Zuletzt noch sollen die Einwohner von Jangi-Kend, welche vormals das Dorf Michlikuach inne hatten, udisch gesprochen haben. Im Allgemeinen gewinnt das Tatarische, namentlich der Aderbidshanische Dialekt, von Jahr zu Jahr mehr Boden und es lässt sich ziemlich sicher erwarten, dass das Udische in kurzer Zeit ganz verschwunden sein wird.

Ob der Völkerrest, der sich jetzt Uden nennt, mit den alten Udini des Plinius (VI. 15) oder den Οὔτιοι des Strabo (XI, 1) identisch sei, wird sich schwer beweisen lassen. Sehr verführerisch wäre es, die ebendaselbst vor den Οὔτιοι genannten Ἄμαρδοι in der noch jetzt in der Mundart von Nidsh gebräuchlichen Bezeichnung für «Mensch» amdar wiederzufinden. Allein bei der Vorliebe dieser Mundart für Elisionen kann dieses Wort immer noch vermittelst eines aus dem auch im Wartaschenschen üblichen adamar verkürzten admar erklärt werden, mit einer in andern Sprachen des Kaukasus nicht ungewöhnlichen Consonantenversetzung. Die Uden selbst wissen nur soviel durch Tradition, dass vor Zeiten ein selbstständiges Reich der Uden mit der Hauptstadt Berdaa bestanden haben soll. Darunter wird wohl die von Moses von Chorene in seiner Beschreibung des alten Armeniens angeführte Provinz Uti in Arran, in welcher die Stadt Berdaa lag[1]) und welche zum Reiche der Aghovanen gehörte, gemeint sein. Ob diese Tradition aber älteren Datums oder erst neuerdings auf Grundlage armenischer Geschichtswerke entstanden ist, muss dahingestellt bleiben.

Das Christenthum erhielten die Wartaschenschen Uden aus Georgien durch den Erzpriester Johann, den sie Arker Iwan nennen. Nachdem dieser einen heiligen Baum, aus dessen Innern die Uden die Stimme eines rathenden, strafenden und begnadigenden Gottes zu hören glaubten, mit zwei Axthieben gefällt hatte, wurde an der Stelle eine christliche Kirche errichtet, deren Ruinen noch jetzt auf dem alten verlassenen Friedhof östlich von dem Flusse Wartaschen im Walde zu sehen sind, allein nach der Versicherung des Hrn. Berger durchaus keine Inschriften darbieten[2]). Nach der Ansicht Beshanow's ist dieser Erzpriester Johann identisch mit dem Bischof von Manglis, der in der ersten Hälfte des 15ten Jahrhunderts lebte[3]). Nach einer andern, durch Herrn Berger erhaltenen, aber wohl nicht ganz zuverlässigen Angabe dürfte diese Kirche um die Mitte des 13ten Jahrhunders erbaut sein.

Seit der Zeit erhielt sich das Christenthum im Wartaschen bis um die Mitte des vori-

---

1) Исторія Армян. Моисея Каганкатваци. Переводъ съ Армянскаго. Сиб. 1861. S. 359.

2) Vergl. Sjögren, Brief an Frähn im Bull. scientif. I. p. 118

3) Brosset, Histoire de la Géorgie II, 2. p. 466.

gen Jahrhunderts in ungestörter Ruhe, wie denn bis zu den Zeiten Nadir Schah's überhaupt eine grössere Toleranz geübt worden war. Auch stand bis zu der Zeit jedes Dorf unter seinem Aeltesten oder Melik, welcher es mit einigen auserwählten Männern regierte. Diese Freiheit hob Nadir Schah auf, indem er den Sohn des früheren Meliks von Scheki Hadshi Tschelabi zum Chan erhob und ihm eine Anzahl früher autonomer Dörfer botmässig machte. Dieser, ein Sohn des neubekehrten Muselmans Aga klschi beg und Enkel des Priesters Qara Keschisch von Scheki wurde der heftigste Feind des Christenthums und bekehrte mehrere Dörfer z. B. Zazgit, Küngüt, Muchas, Bum u. s. w. zum Islam; als Zeugen ihres früheren Glaubens stehen noch die christlichen Kirchen da. Der damalige Aelteste des Dorfes Wartaschen, welcher sehr begütert war, verstand sich dazu, aus seinen Mitteln dem Chan von Scheki jährlich 20 Batman Seide (d. h. 500 Pfund) als dın ipâgi d. h. Glaubensseide zu zahlen, und auf alle Rechte, welche seine Vorfahren sowohl unter den georgischen Königen als unter den persischen Schahen gehabt hatten, zu verzichten. Dahin gehört namentlich das Recht, die Einnahmen in dem Dorfe Otmanln und Abgaben- und Steuerfreiheit zu geniessen. Er trat so mit Frenden unter die Zahl der Bauern des Chans von Scheki, indem er durch diese Opfer unter den Uden, seinen Landsleuten, die Ausübung der christlichen Religion retten zu können glaubte. Seine Freude dauerte nicht lange. Bald wurde die Abgabe auf 30 (nach Berger auf 32) Batman erhöht und nicht einer Familie, sondern dem ganzen Dorfe auferlegt. Dabei wuchsen die Bedrückungen von Seiten der Chane, besonders stark verfolgte Mahmed Hassan Chan (1783 — 1804) die christlichen Uden, welche zum Theil aus Wartaschen und Nidsh nach Qarabagh flüchteten, und wie es scheint, nur unter der Bedingung zurückkehren durften, dass sie sich zu der obenerwähnten Abgabe verstanden.

Von der alten Festung Qabala, welche einige Werst südwestlich von Nidsh unmittelbar vor dem Zusammenfluss des Qaratschai und Qarasu belegen war, sind noch Ruinen vorhanden, welche bei den Bewohnern der Gegend Gawur Qalasi genannt werden. Die Festungsgräben konnten vermittelst eines Dammes, der an dem Zusammenfluss beider Gewässer erbant worden, vollständig mit Wasser gefüllt werden. Die Sage erzählt, dass in Qabala einst ein christlicher Fürst geherrscht habe, dessen Frau oder Tochter Dshumschud hiess. Diese verrieth dem (in den Sagen tatarischer Völker häufig auftretenden) H'açret Ali das Geheimniss des Dammes. H'açret Ali nahm die Festung ein, heirathete die Dshumschud und liess sie in der Festung, während er selbst seine Eroberungen verfolgte. Als er zu seiner Frau zurückkehrte und den neugebornen Sohn von unendlicher Stärke sah, liess er ihn tödten. Unfern der Festung befinden sich auf einem Hügel des Bosdagh-Gebirges zwei von Osten nach Westen gezogene niedrige Mauern. Dieser Ort führt den Namen Kiomrad (Kömrad?), zu welchem sowohl Christen als Muselmane wallfahrten, weshalb? ist schwer zu ermitteln. Nach einigen ist dies der Ort, wo H'açret Ali das Geheimniss des Dammes erfuhr, nach andern aber ist hier der Sohn H'açret Ali's von der Dschumschud begraben. Besonders gehen kinderlose Frauen an diesen Ort, nehmen einen gewissen dort liegenden Stein und bestreichen damit ihren Rücken in der Hoffnung, dass ihr Leib gesegnet werde

Obwohl wir nun nicht gerade behaupten wollen, dass dies eine udische Tradition sei, so habe ich sie doch der Mittheilung für werth erachtet und halte es für angemessen, aus den von Beshanow hinterlassenen Aufzeichnungen das auf die verschiedenen Gebräuche der Uden Bezügliche hier folgen zu lassen.

Bei den Uden in Wartaschen muss der Priester nach der Geburt eines Kindes das Haus, in Nidsh aber sowohl das Haus als auch das Wasser weihen, in welchem sich die Mutter mit dem Neugebornen baden soll. Am Tauftage, welcher spätestens acht Tage nach der Geburt zu sein pflegt, schickt die Mutter das Kind, nachdem sie es gebadet hat, mit der Hebamme und dem Pathen in die Kirche, wo der Priester das Kind zuerst in kaltes und dann in warmes Wasser taucht. Nach Beendigung der Taufe trägt der Pathe das Kind auf seinen Armen zur Mutter in's Zimmer, wo man das Kind auf ein besonderes, neben ihr befindliches Kissen legt und das Gesicht nach Osten kehrt. Nachdem der Priester darauf einige Gebete hergesagt hat, verlassen er und der Pathe das Zimmer. Nach der Uebergabe des Täuflings an die Mutter findet ein Mahl statt, bei welchem eine mit Früchten, gefärbten Eiern, einem Geldbeutel, Taschentuch, Socken u. s. w. besetzte Schüssel im Namen der Mutter dem Pathen überreicht wird, dem Priester aber eine Schüssel mit Früchten. Nach dem Mahle zahlen der Vater und der Pathe die dem Priester zukommenden Gebühren. Vom Tage der Geburt bis zur Taufe muss durchaus ein Dolch unter dem Kopfkissen der Mutter liegen. Die verwandten und bekannten Frauen aber kommen, um die Wöchnerin zu beglückwünschen, eine Jede mit einem Reisgericht.

Ehen werden so geschlossen, dass die Eltern und nächsten Verwandten des Bräutigams und der Braut im Hause des ersteren in Gegenwart von einigen Zeugen übereinkommen und dann in's Haus der Braut einen ihr bestimmten Ring und einige Abase, welche Verlobungsgeld (nišanun lägl) heissen, senden. Nach der Verlobung, welche einige Jahre vor der Heirath stattzufinden pflegt, wird die Braut vor allen Verwandten des Bräutigams verborgen gehalten; der letztere bekommt sie in der Zwischenzeit kaum einigemal zu sehen. Zweimal im Jahre muss er in's Haus der Braut eine aus seidenen Stoffen, Katton, Brot, Wein und Früchten bestehende Spende, welche xonča (aus dem Pers. خونچه) genannt wird, senden. Am Vorabende der Hochzeit wird unter Begleitung der Surna (Hoboe) ein Ochse geschlachtet, den man ellok nennt, und ein Theil desselben in das Haus der Braut geschickt, ein Eisen aber, welches man unter das Ochsenblut gethan hat, wird bis zur Beendigung der Hochzeit im Feuer gelassen. Dem Bräutigam wird der Kopf geschoren und die Kleider des Bräutigams und der Braut werden gesegnet, wofür sowohl der Barbier als auch der Priester ein Geldgeschenk erhalten. Es wird ein Haupt der Hochzeit (toi basi) ernannt und einige bewaffnete Begleiter des Bräutigams (maqar) erwählt, er selbst aber heisst König oder Beg. Dann zieht man ihm die geweihte Kleidung an und steckt ihm unter den Tönen der Surna ein von der Braut genähtes Tuch in den Gurt, worauf die Eltern und Verwandten jeder ein Tuch in seinen Gurt stecken oder es auf seine Schulter legen, indem sie ihn in's Gesicht oder auf die Stirn küssen. Bei den Uden in Nidsh werden ausserdem Geldstücke eingesammelt.

Am Hochzeitstage selbst kehrt man nach vollzogener Trauung aus der Kirche in's Haus des Bräutigams zurück und dann, nachdem man einige Flintenschüsse abgefeuert hat, in's Haus der Braut, an dessen Pforte der Bräutigam nach Abfeuerung einiger Flintenschüsse einen oder zwei Abas demjenigen geben muss, der ihn nicht auf den Hof lassen zu wollen vorgiebt; dasselbe muss er im Hause thun, damit ihn der Bruder oder ein sonstiger naher Verwandter der Braut auf den für ihn bereiteten, kostbar geschmückten Platz lasse. Nach dem Hochzeitsmahl dankt der Toibaschi mit lauter Stimme Allen, welche den Bräutigam mit Tüchern, Geld u. s. w. beschenkt haben, und dann geht es unter Abfeuerung von Flintenschüssen in's Haus des Bräutigams. Unterwegs kommen ihnen Verwandte und Bekannte mit Salz und Brot und Wein entgegen, einige laden das junge Paar zu sich ein und beschenken die junge Frau mit irgend einem kostbaren Stoffe. Vor Anbruch des Abends gehen die Gäste auseinander, und die nächsten Verwandten, die Bräutigamsbegleiter und der Toibaschi, der für seine Bemühungen ein Geschenk an Geld und Sachen erhält, schmausen noch die Nacht durch und gehen erst bei Anbruch des Tages auseinander.

Stirbt ein Ude, so trägt man ihn Tags darauf oder am dritten Tage in die Kirche, wo die Weiber aus der Verwandtschaft sowohl vor als nach der Messe sich um den Verstorbenen versammeln und in der Weise wehklagen, dass man nur die Worte einer derselben, aber das Schluchzen und die Klagelaute der übrigen hört. Wird der Verstorbene aus dem Hause in die Kirche oder aus der Kirche auf den Friedhof getragen, so breitet der Priester ein Tuch über seine Brust aus, auf das Tuch legt er das Evangelium mit dem Kreuze, welches zuerst der Aelteste aus der Verwandtschaft küsst, indem er einen Abas hinlegt, dann folgen die übrigen Verwandten und Bekannten und opfern jeder einige Kopeken. Auf dem Wege aus der Kirche auf den Friedhof hält man dreimal an und jedesmal wird auf dem Tuche Geld eingesammelt. Die Uden von Nidsh halten unterwegs noch häufiger an, je nach dem Wunsche der Begleiter, von denen jeder auf seine Bitte zuerst selbst, dann aber der Aelteste aus dem Hause des Verstorbenen einen Abas auf das Tuch legen muss, die Uebrigen aber nur einige Kopeken. Nach der Einsenkung des Leichnams kehrt man in's Sterbehaus zurück, wo man beim Todtenmahl auf die ewige Ruhe des Verstorbenen und auf das Wohl der Ueberlebenden Wein trinkt.

Was das physische Aussehen der Uden betrifft, so ist es schwer, sie von den ihnen benachbarten Völkern zu unterscheiden. Sie sind mittleren Wuchses, haben schwarze Haare und Augen, ein längliches Gesicht, eine gerade Nase. Die Tracht der Männer ist von der armenischen und tatarischen nicht verschieden, die Tracht der wartaschenschen Udinnen gleicht der Tracht der Armenierinnen in Nucha; die Weiber von Nidsh und die Armenierinnen der Dörfer Wardan, Padar, Mirza-Beglü, Sultan-Nucha u. s. w. haben ein engeres Unterkleid als die Tatarinnen und unterscheiden sich auch etwas durch ihren Kopfputz.

Aber nicht allein die Kleidung der Tataren ist den Uden zugekommen: auch Fabeln, Märchen, Sprichwörter kennen sie nur vermittelst des Tatarischen und erzählen solche nur in tatarischer Sprache. In den wenigen Liedern, welche sie haben, sind keine historischen

Erinnerungen erhalten. Man sieht also hier ein offenbares Aufgehen des udischen Elements in dem Tatarischen, das eine grosse Rolle in dem jetzigen Wortschatze der Uden spielt.

Knüpfen wir an dieses Ende die Frage nach dem Ursprung der Sprache, so spricht so Manches dafür, dass wir im Udischen eine kaukasische Sprache haben. Schon in dem Wortschatze selbst finden wir eine Anzahl solcher Wörter, welche mehreren kaukasischen Sprachen gemeinsam sind; z. B. *mut, Wind*, qaratalisch muçu, tbusch. mox; *kuia, Rauch*, awar. kuia, thusch. kur; *xe, Wasser*, thusch. xi; *muz, Zunge*, awar. maç, thusch. moll; *us, Ochse*, awar. oc, qarat. unsa; pi. *Blut*, awar. bi, tabasseranisch ifi; *beg, Sonne*, awar. baq; *çali, Fisch*, thusch. çar, awar. çus; *neç, Laus*, thusch. maç, awar. neç; *çi, Name*, awar. çar, thusch. çe (Stamm çar); *neq, Spreu*, awar. naku; tat, *Fliege*, tb. lul, awar. lol, qarat. lunji; jaq, *Weg*, tb. niq (Stamm naq), awar. mux u. v. a.[1]).

Gehören diese Wörter meist Sprachen an, welche unter sich eine auffallende Analogie in der Geschlechtsbezeichnung an den Tag legen, so muss es auffallen, dass das Udische ihnen hierin nicht beistimmt. Es kann hier also derselbe Fall stattfinden wie bei dem Ossetischen, das auch nur wenige Spuren einer Geschlechtsbezeichnung erhalten hat. (s. Bullet. T. V. S. 445.) Das Fehlen dieser Geschlechtsbezeichnung, welche jedoch auf manuigfache Weise bei den Thuschen, Tschetschenzen, Awaron und Kasikumüken stattfindet, könnte auf den ersten Anblick Anlass geben, das Udische von den Sprachen Daghestans zu trennen, wenn nicht eine Masse anderer Analogien eine innige Zusammengehörigkeit ausser Zweifel setzen würde. Dazu gehört unter anderm die Anwendung des Instructivs (§ 57), das Eintreten eines besondern Charakters bei der Declination der Adjectiva, welchen wir im Udischen (§ 67) nicht minder als im Thusch finden und der ursprüngliche Mangel der Ordnungszahlen (§ 69). Andere Erscheinungen sind der Art, dass sie Sprachen von verschiedenem Ursprunge gemeinsam sind. Dahin gehört die Composition der Zahlwörter nach Eikosaden, über welche schon Pott (Quinäre und vigesimale Zählmethode S. 81 fol.) umfassend gehandelt hat, und welche sich auch bei den Tataren des Kaukasus findet (Böhtlingk, Bullet. hist. philol. T. VI. p. 337. = Mélanges asiatiques T. I. p. 135) und die Häufung des Personalpronomens beim Verbum, welche sowohl im Ossetischen als Udischen und auch im Kabardinischen eintritt. Ueber die dem Ossetischen mit dem Georgischen und Udischen gemeinsame doppelte Pluralbezeichnung s. Bull. T. V. S. 445. == Mél. as. T IV. p. 306. Je mehr uns die einzelnen Sprachen des Kaukasus erschlossen werden, desto mehr werden wir Hoffnung hegen dürfen, dass uns über diese Eigenthümlichkeiten eine nähere Auskunft werde.

---

[1] Von den Fremdwörtern abendländischen Ursprungs wäre besonders xido, *Eisen*, das wohl mit σίδηρος zusammenhängt, und lewel, *Kessel*, aus dem Griechischen λέβης zu nennen. Sehr merkwürdig ist aber qilu, welches Wort eine kleine Münze bedeutet zu haben scheint, nach einer brieflichen Mittheilung von Chamajans jetzt aber nicht mehr gebraucht wird; sollte hier vielleicht das germanische *shilling* vorliegen? Wer denkt hiebei nicht an die Züge der Russen nach Berdaa? Wahrscheinlich ist das Wort mit der Münze auf dem Wege des Handels zu den Uden gelangt.

§ 1. Zur Bezeichnung der ndischen Laute habe ich die in meinen früheren Arbeiten über kaukasische Sprachen, namentlich in den Versuchen über die Thusch-Sprache und über das Awarische angewandten Buchstaben gewählt und nur einige Zeichen hinzugefügt. Die von mir gebrauchten Zeichen sind:

a, ą, ā, e, i, o, o, ō, u, ụ, ū, y;
q, ɪ, b, k, K, ı, g, g̣;
ć, ḋ, c, ç, ʒ, ʒ, ч, ч, ш, ɪ. ɪ, ɪ;
t, i, d, n;
p, p̣, f, b, m;
j, r, l, w.

§ 2. In Betreff der meisten dieser Zeichen kann ich auf meinen Versuch über die Thusch-Sprache verweisen, wo man das auf den Lautwerth derselben Bezügliche finden wird. Ausser den getrübten Vocalen ä, ö, ü, welche weder im Thusch, noch im Awarischen, wohl aber in den tatarischen Mundarten vorkommen, bin ich genöthigt gewesen, noch die Zeichen ą, ǫ und ụ für die Fälle anzuwenden, wo die mir zu Gebote stehenden Quellen eine weichere Aussprache dieser Vocale angeben. Meine Vermuthung, dass diese weichere Aussprache mit der Trübung dieser Vocale zusammenfiele, ist durch Berger's Nachforschungen nicht bestätigt worden. In den von Kowalensky gegebenen Notizen in Betreff der Aussprache dieser weicheren Vocale finde ich aufgezeichnet, dass ą fast wie das a in dem Französischen la, ǫ wie eu wie o in dem Worte une ausgesprochen werde. Nach der Beobachtung Berger's kommt in der Mundart von Nidsh ein gutturales ö vor, z. B. in den Wörtern öina, *Busen*, öma, *Erdbeere*, öll, *Feuerbrand*. Es scheint also ein auch aus andern Sprachen bekannter Laut zu sein, der in nächster Verwandtschaft mit dem y steht, welches dem russischen ы entspricht. Dieses y hat sich vielleicht auch erst durch das Zusammenleben mit den Tataren entwickelt, wie ein solcher Laut auch im Ossetischen im Entstehen ist; s, Sjögren, Ossetische Sprachlehre S. 20 und Bulletin de l'Acad. d. sc. T. V, p. 445 = Mélanges asiatiques T. IV. p. 305.

§ 3. Das Vorhandensein des Lautes ų habe ich erst durch Berger erfahren, der ihn in einigen Wörtern, z. B. ąo, *fünf*, oı, *Fluss*, uı, *sechs* aufgezeichnet hat. Aller Wahrscheinlichkeit nach kommt er häufiger vor. Die mir zu Gebote stehenden Quellen drücken ihn durch kı aus, welches aber auch dem ʒ (q) zu entsprechen pflegt; ш und ш sind scharfe Sibilanten, deren ersterer die Elemente s und i, letzterer z und t vereinigt und die wie st und zt ausgesprochen werden sollen. Den ersteren dieser beiden Laute scheint das Kabardinische zu besitzen. Nach den Mittheilungen Berger's hat das þ eine besonders merkwürdige Aussprache in dem Worte þą, *zwei;* sie soll mit einem starken Zusammenpressen der Lippen stattfinden.

§ 4. Da es mir nicht vergönnt gewesen ist, die Sprache aus dem Munde von eingebornen Uden zu hören, so ist es mir natürlich unmöglich, etwas Bestimmtes über die Laute auszusprechen. Es scheint mir jedoch, dass das e häufig dem i sehr nahe stehe, so wie o dem u, da häufige Verwechselungen dieser Laute vorkommen.

§ 5. Häufungen von Vocalen sind nicht ungewöhnlich; es kommen nicht allein Diphthonge wie ai, ąi, ei, oi, oi, ey, sondern auch ao, io, oo, au, ąu, iu, ou, öu u. a. vor.

§. 6. Elision von Vocalen tritt ein: 1) Bei Zusammensetzungen und zwar a) bei Reduplicationen, z. B. kalkala, *sehr gross,* statt kalakala, zurzuru, *sehr klein,* statt zuruzuru, serseri, *wirklich,* statt seriseri (§ 32); b) bei Verbalzusammensetzungen, namentlich wenn der zweite Theil þesun, besun, desun, tesun oder auch esun ist, in welchen Wörtern das e fortfällt (§§ 88 folg. und 93) und in Folge dessen bei desun, tesun auch eine Consonantenversetzung (§ 23) stattfindet, z. B. kalabsun, *erziehen,* gugubsun, *summen,* ząząbsun, *zerbrechen,* lastun (statt ladesun, § 96), *geben;* lązsa, *ich gehe,* statt lązesa, ianesa, *er geht,* statt ianeesa (§ 93.)

Anmerkung. Sehr nahe liegt es, die Zahlwörter so, *eins,* qo (qǫ), *zwanzig* und þǫ, *zwei* aus sao, qao und þaǫ zu erklären, indem das an Adjectiva tretende o (§ 35) das vorhergehende a aus seiner Stelle gedrängt haben könnte.

§ 7. Zweitens tritt bei der Pluralbildung der auf ux ausgehenden Wörter eine Elision des u ein (§ 42); z. B. burxux, ulxux, eibxux, imxox von burux, *Berg,* ulux, *Zahn,* eibux, *Weib,* imux *Ohr.* Im Singular lassen diese Wörter, welche nach Analogie des Plurals declinirt werden, nur hin und wieder den vorhergehenden Vocal ausfallen; z. B. burux, Gen. burgoi (§ 64).

§ 8. Drittens kann bei diphthongischem Auslaut das auslautende i des Genitivs fortfallen (§ 46) und dies pflegt namentlich häufig vor Postpositionen stattzufinden; z. B. nana statt anai, von nana, *Mutter,* xuxe statt xuxei von xuxi, *Schwester,* lea statt leai von io *selbst* (§ 74). Namentlich ist dieser Ausfall Regel bei dem Genitiv des enklitischen Pronomens der dritten Person; z. B. letabo, *er hat nicht,* wo ta aus tai entstanden ist, s. § 148.

§ 9. Viertens verlieren die Pronomina der ersten und zweiten Person des Singulars, wenn sie eingefügt oder enklitisch angefügt werden, ihren Vocal (§. 76); das Pronomen der dritten Person lässt eine Elision nur im Conjunctiv und im Conditional zu (§ 99).

§ 10. Fünftens scheinen einige Zeitwörter eine Elision ihres Anlautsvocales erlitten zu haben: uksun, *essen,* hat zwar das u in den meisten Formen beibehalten, nicht aber im Particip der Vergangenheit, welches kai lautet und im Perfect ke; da wir von þesun, *sagen,* einen Imperativ uþa haben, obwohl der Aorist þi und das Perfect þe lauten, so scheint auch hier eine Elision eingetreten zu sein (§ 123).

§ 11. Der im Udischen bestehende Unterschied zwischen harten und weichen Voca-len (§ 2) wird von Wichtigkeit in den Fällen, wo eine Vocalharmonie eintritt. Ob diese vor-nehmlichst in den uralaltaischen Sprachen auftretende Erscheinung dem Udischen ursprüng-lich eigen oder ihm erst durch Berührung mit dem türkischen Element zugekommen sei, müssen wir unentschieden lassen. Auch ist es uns bei der Beschaffenheit der dieser Arbeit zu Grunde liegenden Texte ganz unmöglich genügende Auskunft über die Ausdehnung und das Wesen der Vocalharmonie im Udischen zu geben. Ich habe sie gefunden: 1) bei der Wortbildung, z. B. dąnglụg, *Thorheit*, mụqlụg, *Freude*, aber ağulụg, *Bitterkeit* (§ 37); 2) bei der Pluralbildung, z. B. bąu, *Hund*, ạilụ, ạilụmụ, *Kinder* (§ 42); 3) bei den Casussuffixen, namentlich beim Genitiv; z. B. kömürün von kömür, *Kohle*, gümïsün von gümïs, *Silber*, ạilụn von ạjel, *Kind*, aber auch bei anderen Beugefällen; z. B. günąbạ von günąh, *Sünde*, cọmịọịạ ● von cọmọị, *Thür*, bọqmọğọị von bọqmọğ, *Nase*, ạmąịọ von ạm, *Schulter*, cụịọ von cọ, *Gesicht*, bąịọ von bạ, *Hund*, woneben ich aber auch ạilụmụğọa, ạilụğọịọ von ạjel, *Kind*, Byịạụğọ von Byịạụğ gefunden habe; 4) bei den mit ạ zusammengesetzten Zahlwörtern, nämlich: bạqọ (s. § 6 Anmerkung), *vierzig*, bąbạ, *zweihundert;* 5) bei dem enklitischen Pronomen der dritten Person qọ (§ 100): ịeqọ abạ, *er weiss nicht*, bạqọ bạ, *er hat einen Hund;* 6) bei der Con-junction —ạl, *und* (§ 140), z. B. cọmịọịạl, *und die Thür*, ạilụịạl, *und die Kinder*, mụhụịạl, *und den Eidam;* und bei der zur Bildung des umschriebenen Conjunctivs eintretenden Par-tikel ạ (§ 111). Wahrscheinlich findet die Vocalharmonie noch in vielen anderen Fällen statt, welche nur eine genaue Untersuchung an lebenden Individuen wird constatiren können.

§ 12. Im nächsten Zusammenhange mit der Vocalharmonie steht die Assimilation von Vocalen, wie wir sie bei der Wortbildung finden; z. B. isubu statt isuba von isu, *Mann* (§ 39).

§ 13. Was nun die Umgestaltung der Vocale anbetrifft, so müssen wir von dem bei der Flexion der Verba vorkommenden Vocalwechsel absehen, weil hier die verschiedenen Zeiten und Aussageweisen ihre charakteristischen Vocale haben. Anzunehmen ist, dass sich im Imperativ das ursprüngliche a erhalten habe, während wir im Präsens und Perfectum e, im Aorist i, im Futurum o auftreten sehen; z. B. Imp. ba, Perf. be, Praes. besa, Aor. bi, Fut. bo, vom Zeitworte besun, *machen*.

§ 14. Einen Übergang von a in i finden wir bei der Declination zwei- und dreisilbi-ger Wörter, welche statt des a des Nominativs im Genitiv ein i eintreten lassen (§ 50); z. B. iursa, *Ofen*, G. iursin; koża, *Haus*, G. każin; araba, *Wagen*, G. arabin. Dasselbe finden wir auch bei der Pluralbildung, z. B. paéaiur von paéna, *Kürbis*.

§ 15. Der Übergang von a in o begegnet uns bei der Pluralbildung, z. B. imur, *Ohr*, Pl. imror; bin, *Braut*, Pl. binror (§ 42).

§ 16 Eine Schwächung von e zu o liegt uns in verschiedenen Pronominalstämmen, namentlich in sono, *er*, mono, *dieser* vor, da diese in den obliqen Casus meist den Stamm se, me haben (§§ 74, 82), wogegen die Mundart von Nidsh so und mo erhalten hat; wahrschein-lich gab es ursprünglich auch einen Stamm o, von dem noch or, *wie*, und oüie, *weshalb*, stammen, und der jetzt geschwächt als e, *was* (§ 83), fortbesteht.

§ 17. Den Übergang von **e** in **i** finden wir in einigen zusammengesetzten Zeitwörtern, wenn der zweite Bestandtheil **esun** ist; z. B. **baisun**, *eingehen*, **laisun**, *fortgehen*, **laisun**, *aufstei-gen*, *klettern* (§ 93).

§ 18. Ursprüngliches **u** sehen wir zu **i** geschwächt in dem Interrogativpronomen **ia**, welches den Genitiv **ial**, den Instructiv **ia** bildet (§ 83); ferner in den Wörtern **cubur**, *Weib*, **gurux**, *Fasten*, welche die Nebenformen **eibux** und **girux** haben.

§ 19. Von den Consonanten ist nur einer, das **r** ursprünglich vom Anlaut der Wörter ausgeschlossen, wird jedoch jetzt in einigen Fremdwörtern geduldet; z. B. **rak**, *weich*, **rxi**, *zufrieden*, doch nimmt es meist einen Vocal zum Vorschlag; z. B, **irxilug**, *Zufriedenheit*, **ir-bat**, *Bauer*.

§ 20. Ebenso wenig ist eine Consonantenhäufung im Anlaute gewöhnlich und kommt entweder nur in einigen Fremdwörtern, z. B. **prang**, *Katholik* (eig. *Frank*), **psakbesun**, *trauen*, **klini**, *Schloss*, oder in Klangwörtern vor; z. B. **qlaxcibsun**, *schnurren*, **irxqistun**, *klopfen*, **tzubsun**, *summen*.

§ 21. Die im Auslaut vorkommenden Consonantenhäufungen sind im Ganzen genom-men sehr mässig an Zahl; meist finden wir zwei Consonanten, von denen der erstere in den meisten Fällen ein flüssiger ist. So habe ich folgende Verbindungen wahrgenommen:

nq, ng, nd, nz, ng, ns, ng, nt, nl, nd; rx, rz, rg, rt, rd; lt; xt, st, ft.

Von diesen Verbindungen gehören eine gute Anzahl Fremdwörtern an.

§ 22. Um so häufiger sind Consonantenverbindungen im Inlaute; ausser den Verdop-pelungen **kk, gg, cc, ss, ss, zz, tt, dd, nn, rr, ll, ww** habe ich noch folgende Häufungen ge-funden:

qn, qs, qz, qn, qb; bl, bm; kg, ks, kn, kb, km, kl; kg, ks, kl, kn; xg, xg, xc, xs, xt, xn, xb, xr; gn; ks, kn, gb; cq, cg; cn, cb; xg; xl; ck, ck, ct, cm; cq, ck, cp, cn, cj; sq, sk, st, sx, sn, sp, sb, sl; sq, sk, sz, st, sn, sb; sq, sz, sn, sp; zq, zk, zk, zx, zg, zc, zs, zd, zn, zb; tk, tb, tt, tp, tb, tl, db; nq, nk, nk, ng, ng, nc, nz, nc, ns, ns, nt, nd, np, nb, nl; pk, pc, pl, pn, pp; pc, ps, ps, pt, pl, pn, pr, pl; fs, ft, fn, fl; bg, bs; mq, mx, mc, md, mn, mb; rq, rk, rx, rg, rg, rc, rs, rz, rt, rt, rd, rn, rp, rb, rb, rm, rj; lq, lk, lk, lx, lg, lz, lt, lt, ld, ln, lp, lb, lm, wk, wn.

Drei Consonanten kommen selten vor: xtl, stl; nqn, nkn, ngn, ngn; nkz; str; rsn; rsb; fst.

§ 23. Consonantenversetzung findet statt, wenn durch Elision eines e im Verbum de-sun (iesun) die beiden Consonanten nahe an einander rücken; so wird aus iadesun (iadsun) iastun, *geben*, aus ladesun — lastun, *glätten*, aus nedsun — nestun, *säuern* (§ 91).

§ 24. Assimilation von Consonanten tritt in folgenden Fällen ein: 1) Die Endung in assimilirt ihren Anlaut, wenn sie an ein auf r auslautendes Nomen gefügt wird; z. B. azarra, *krank*, sähärru von sähär, *Stadt;* es finden sich jedoch auch Ausnahmen, z. B. zorlu von zor, *Kraft*, cupurlu von cupur, *Eiter* (§ 39). 2) Der Anlaut der Genitivendung ssi wird assimilirt, wenn der Wortstamm auf t, d, r oder l auslautet (§ 47); z. B. zet, *Öl*, Gen. zettai, zod, *Baum*, Gen. zoddai, lur, *Fuss*, Gen. lurrai, bal, *Kopf*, Gen. ballai. Durchaus unverändert bleibt dage-gen der Anlaut der Genitivendung der Adjectiva tai (§ 67); 3) das Affixpronomen der zweiten Person **au** und **aae** so wie das der dritten Person **ae** ist ganz derselben Assimilation unterworfen, mag es nun an Verbalstämme mit auslautendem t, d, r oder l treten oder an andere ebenso auslautende Wörter gefügt w rden; z. B. **ballu**, *du wirst thun*, statt **balau**, **bal-lan**, *ihr werdet thun*, statt **balaan**, **buttekl**, *er bedeckte*, statt **butnekl**, **addebaKo**, *er wird stinken*, statt **adoebaKo**, **xabarre aqi**, *er fragte*, statt **xabarne aqi** (§§ 77, 99); 4) eine Assimilation des **s** findet statt in den Zeitwörtern **accun**, *umkommen*, **cicóun**, *herausnehmen*, **eccun**, *führen*, **iaiun**, *führen*, *tragen*, **bossun**, *saltwerden*, wo **c**, **ó**, **i** aus **s** entstanden sind.

§ 25. Consonantenverstärkung scheint 1) im Plural **cibxux** von **óibux**, *Weib*, vorzukommen, da die obliquen Casus ein k eintreten lassen (§ 64); z. B. **óibkoi**; 2) finden wir bei den Zeitwörtern, welche den Dativ erfordern, das Affixpronomen der dritten Person des Plurals in der Gestalt **qo**, wobei der Gedanke nahe liegt, dass es ursprünglich mit dem Pluralcharacter **ğo** (§ 78) identisch sei und hier eine Verhärtung des Anlauts eingetreten sei, wie denn überhaupt eine Anzahl von Fremdwörtern, welche ursprünglich ein **ğ** im Anlaut haben, im Udischen ein q erhalten; z. B. **garib** (a. غریب), *Fremder*, wird **qarib**, **ğair** (غیر) wird **qeiri** (aber N. **ğehri**), *ein anderer*; ausserdem hat die Mundart von Nidsh **ğau** statt **qau**, *und*, und **gaie** statt **qaii**, *zwischen*; 3) das zur Bildung zusammengesetzter Zeitwörter gebräuchliche Verbum **desun** wird nach Consonanten im Anlaut verhärtet; fällt ausserdem noch das **e** aus (§ 6), so findet eine Consonantenversetzung (§ 23) statt; z. B. **captesun**, *schütteln*, **bat-tesun**, *eingehen*, **otbentesun**, *beschämen*, **iastun**, *geben* (§ 90).

§ 26. Eine Consonantenerweichung glaube ich in dem Worte **otle**, *weshalb*, wahrzunehmen, da es mir aus **ocle** entstanden zu sein scheint (§ 56).

§ 27. Betrachten wir die jetzt im Udischen vorkommenden Wörter, so werden wir zwischen den ursprünglich dieser Sprache angehörigen und den aus andern entlehnten zu unterscheiden haben. Es erweist sich nämlich, dass zu den ersteren vorzugsweise die einsilbigen gehören, deren es eine beträchtliche Anzahl giebt und von denen manche mit den Wörtern daghestanischer Sprachen in Übereinstimmung sind. Die Fremdwörter dagegen sind wenigstens zweisilbig, jedoch kommen auch drei- und mehrsilbige vor.

§ 28. Die einsilbigen Wörter lauten in seltenerem Falle vocalisch aus: **ba**, *Hund*, **la**, *Reif*, **ga**, *Stelle*, **ça**, *Strick*, **xe**, *Wasser*, **te**, *Stein*, **te**, *Nisse*, **me**, *Messer*, **ği**, *Tag*, **ci**, *Name*, **pi**, *Blut*, **pi**, *Fett*, **ß**, *Wein*, **mi**, *Kälte*, **xo**, *Thau*, **co**, *Gesicht*, **bo**, *Euter*, **cu**, *Keil*, **su**, *Nacht*, **au**, *Gerste*, **ğu**, *Haase*, **qy**, *Furcht*. Um so zahlreicher sind die consonantisch auslautenden. Die Mehrzahl geht auf einen Guttural oder auf einen Zischlaut, ferner auf l oder r, seltener steht ein Dental oder Labial im Auslaut.

§ 29. Die zweisilbigen Wörter lauten meist auf **a** aus, ungefähr dreimal seltener auf **i**; am seltensten kommen u und e im Auslaut vor. Der consonantische Auslaut zweisilbiger Wörter ist am häufigsten l oder r, nächstdem die Dentalen, namentlich n, seltener Zischlaute und Labiale.

§ 30. Drei- und mehrsilbige Wörter sind meist nicht ursprünglich udisch, sondern entlehnt, am häufigsten lauten sie auf **a** oder **i** aus, bei consonantischem Auslaut aber auf **r**, ausserdem aber auch auf l, t, d und g.

§ 31. Mehrere zweisilbige Wörter sind durch Reduplication entstanden: nana, *Mutter*, baba, *Vater*, qumqum, *Auster*, damdam, *Morgen*, þuȿþuȿ, *Lunge*, byby, *Brücke*, tuntun, *Näseler*, zlmzim, *Zögerung*. Entlehnt sind zaȿzaȿ, *Mohn*, mürmür, *Marmor*, längläng, *Kranich*. An diese Reduplication reihen sich liplipkal, *Schläfe*, lalalan, *Schuh*.

§ 32. Nächstdem finden wir reduplicirte Adjectiva, bei deren Bildung öfters ein Vocal elidirt wird (§ 6); z. B. ȿalȿala, *sehr gross*, von ȿala, xurxuru, auch xuruxuru, *sehr klein*, þuþȿuplaq, *sehr nackt*, von þuplaq, *nackt*, þurþur, *gekräuselt*, von þur, sarsari, *wirklich*, von sari, *wahr*.

§ 33. Hierin schliessen sich die Reduplicationen, welche wir in zusammengesetzten Zeitwörtern finden: qaȿqaȿpesun, *abbeissen*, kaȿkaȿpesun, *zerschneiden*, kukubsun, *mucksen*, kurkurpesun, *liebkosen*, ȿuȿȿuspesun, *lispeln*, galgaldesun, *schaukeln*, gyzgyzpesun, *lächeln*, gugupsun, *summen*, þuþupsun, *murren*, þuþuppesun, *springen*, ȿurunȿurumpesun, *sich recken*, þurþurpesun, *kräuseln*, zikzikdesun, *schaukeln*, tutupsun, *zittern*, lolobsun, *einlullen*, caxcaxpesun, *zerstückeln*. Über die Elision des Vocals s. §§ 6 b und 88 ff.

§ 34. Bildungen wie kirimiri, *schräg*, korimori, *Windung*, haben eine häufige Anwendung im Tatarischen und Mongolischen. An Ähnliches in europäischen Sprachen erinnern iiȿaiaȿabsun, *zerbröckeln*, laþluppesun, *schelten*.

§ 35. Sowohl an Adjectiva als an Participia tritt die Endung o, um Substantiva zu bilden: fuȿarao, *ein Armer*, von fuȿara, *arm*, iȿao, *Nächster*, von iȿa, *nahe*, ȿalao, *Häuptling*, von ȿala, *gross*; ailȿalo, *Sprecher*, von ailþasun, *sprechen*, iriȿalo, *Sprützer*, von iriþesun, *sprützen*, inibalo, *Neuerer*, von inibesun, *erneuern*, üȿirbalo, *Denker*, von üȿirbesun, *denken;* baȿo, *Gewesener*, von baȿi, *gewesen*, purio, *Todter*, von puri, *todt*, aao, *Einziger*, von aa, *eins*, so auch auo, *irgendjemand*, von au *wer* (§ 85). Von den Zeitwörtern werden aber Nomina auch ohne diese Endung o gebildet; z. B. aȿbal, *Macher*, von aȿbesun, *machen*, eȿal, *Ersieher*, von eȿsun, *halten*, ȿurewkal, *Führer*, von ȿurewkesun, *führen* u. s. w.; auch in Zusammensetzungen: naldugal, *Hufschmied*, kürüserbal, *Cariarbereiter*, kizaȿkal, *Filzmacher*.

§ 36. Fremden Ursprungs ist die Endung öȿ z. B. in den Wörtern: arabaȿi, *Wagenlenker*, qaȿaȿi, *Kaffeebereiter*, qoȿnöȿi, *Krieger*, kömöȿöȿi, *Helfer*, supunöȿi, *Seifer*, tanzaȿi, *Capitalist*, dapȿi, *Pauker*, dämäröȿi, *Schmied*, näwȿi, *Schiffer*, mugulȿi, *Kehrer*.

§ 37. Vielfache Anwendung hat die aus dem Tatarischen entlehnte Bildungsilbe luȿ (luȿ) (§ 11), welche Abstracta bildet und in mancher Beziehung mit dem deutschen —heit, —thum, verglichen werden kann, aber noch weiter reicht. Sie tritt nicht allein an Substantiva und Adjectiva, sondern auch an Adverbia; z. B. ustaluȿ, *Meisterschaft*, lawadluȿ, *Herrschaft*, ȿotluȿ, *Endschaft*, aȿuluȿ, *Bitterkeit*, züȿluȿ, *Entfernung*, iȿaluȿ, *Nähe*, boȿluȿ, *Innerlichkeit*, eȿalnuiluȿ, *Bedeutungslosigkeit*, otnuiluȿ, *Unverschämtheit*, neȿbaluȿ, *Verlausheit*. Zu beachten sind Bildungen, wie: þuþluȿ, *Buchenhain*, gärämzäȿluȿ, *Leichenacker*, qonaȿluȿ, *Gastgelage*, prangluȿ, *Katholicismus*, eig. *Frankenthum*, ȿ'aiarluȿ, *Islam*, eig. *Tatarenthum*; wiȿiluȿ, *Brüderlichkeit*, adamarluȿ, *Menschlichkeit*, ȿawatluȿ, *Schönheit*, zomauiluȿ, *Ungewohnheit*, koȿmeeluȿ, *Häuslichkeit*, eig. *Haus-Nestschaft*.

§ 38. Die einfachen Adjectiva sind meist zweisilbig und lauten auf a und i, seltener auf e und u aus; z. B. kala, *gross*, čoči, *roth*, iła, *nahe*, muça, *süss*, busa, *hungrig;* ini, *neu*, blai, *alt*, maçi, *weiss*, qarł, *trocken*, aeri, *wahr*, amçi, *leer;* keże, *sauer*, juwu, *weich*, göłö, *viel*. Seltener sind sie einsilbig, wie z. B. maín, *schwarz*, qač, *eng*, tain, *nass*, kul, *dick*, čap, *schielend*, čal, *grau*, čur, *kraus*, laq, *faul*, *verfault*; die letzteren kommen auch verdoppelt vor: čalčal, *sehr grau*, čurčur, *sehr kraus*, łaqłaq, *sehr verfault;* kuikui, *sehr dick*.

§ 39. Bei weitem zahlreicher sind die durch Ableitung gebildeten Adjectiva. Zu diesem Behufe verwendet man la, lu und ba, bu. Der Unterschied zwischen beiden Arten ist hauptsächlich der, dass ba und das wahrscheinlich nur durch Assimilation daraus entstandene bu (§ 12) mehr den Stoff ausdrücken, la aber und lu einen Besitz, Reichthum an etwas bezeichnen. Beispiele auf ba: iqba von iq, *Asche*, uqauba, *knöchern*, von uqen, *Knochen*, čaxba von čaxba, *Eis*, żetba von żeł, *Öl*, piba von pi, *Blut*, mixba von mix, *Kupfer*, qaṇadba von qaṇad, *Flügel*, kukba von kuk, *Feder*. Von ísy, *Mann*, wird ísubu gebildet (§ 12). Vielleicht ist ga, welches wir in aṃga von aṃ, *Schulter*, *Seite*, *Flügel*, finden, in nächster Beziehung zu ba. Ungewöhnlich tritt ba auf in kalkalautuzba, *grosszähnig*, da an solcher Stelle gewöhnlich la gebraucht wird; z. B. čočagonla, *rothfarbig*, bargala, *überall befindlich*. Sonst finden wir la z. B. in xaxlla von xaxal, *Blatt*, čola neben čoba von čo, *Gesicht*, xaşla von xaş, *Mond*, muxla von mux, *Zunge*. Sehr häufig ist die offenbar dem Tatarischen entlehnte Endung lu; z. B. ağlalu, *regnerisch*, von ağla, *Regen*, iştaglu, *appetitlich*, von iştag, *Appetit*, umudlu, *hoffnungsreich*, von umud, *Hoffnung;* xawaxtlu, *gleichzeitig*, čulumlu, *dickwurzlig;* auch in Ableitungen von Adverbien; z. B. alalu, *hoch*, von ala *oben*, oqalu, *niedrig*, von oqa, *unten*. Geht das Substantiv auf r aus, so wird der Anlaut der Endungen assimilirt; z. B. qyrru, *theerig*, von qyr, *Theer*, azarru, *krank*, von azar, *Seuche*, čähärru (woneben jedoch auch čähärlu), von čähär, *Stadt*. Von čupur, *Eiter*, finden wir čupurlu, von xor, *Kraft*, xorlu (§ 24). Auch ist ein auslautendes a nicht kräftig genug, um das l zu assimiliren; wir finden z. B. orainlu, *quellenreich*, qošinlu, *kriegerisch*, xaboalu, *sternig*.

§ 40. Auf Entlehnung aus dem Persischen beruhen Adjectiva wie ostawar, *hart*, hamawar, *glatt*, *eben*, baxtawar, *selig;* mit dem Türkischen čuplaq, *nackt*, aus dem Arabischen räk (رذل), *weich*, u. m. a.

§ 41. Die Pluralbezeichnung findet auf mehrfache Weise statt. Die einsilbigen Wörter bilden, wenn sie consonantisch auslauten, ihren Plural auf ur, wenn sie aber vocalisch anslauten, so haben sie meist, wie die zwei- und dreisilbigen Wörter sowohl vocalischen als consonantischen Auslauts die Endung ux; z. B. bus, *Kameel*, Pl. busur, boš, *Haar*, Pl. pošur, kož, *Haus*, Pl. kožur, muš, *Wind*, Pl. mušur, aeż, *Thräne*, Pl. aeżur, kul, *Hand*, Pl. kulur, aber es kommt auch tu, *Name*, Pl. teur, me, *Messer*, Pl. meur, und unter den zweisilbigen von momoc, *Rotz*, neben momoçux auch momoçur und von çiçik, *Brustwarze*, der Plural çiçikur vor.

§ 42. Die Endung ux (ux § 11) tritt an einsilbige Wörter, wenn solche vocalisch anslauten; z. B. ki, *Tag*, kiux, ha, *Hund*, haux, dann aber an zwei- und mehrsilbige Wörter und zwar ohne weiteres oder mit einigen kleinen Veränderungen des Wortes; z. B. babaux von baba, *Vater*, aanaux von aaaa, *Mutter*, ꬶainaux von ꬶaiaa, *Krähe*, haaoux von haao, *Wolke*, adamarux von adamar, *Mensch*, lalaꬶaaux von lalaꬶaa, *Schuh*, haramxadaux von haramxada, *Spitzbube*, ḳaꞔoliux von ḳaꞔoli, *Gurke*, eꬶelux von eꬶel, *Hammel*. Die Veränderungen, welche bei der Pluralbildung erfolgen können, sind folgende: 1) geht ein auslautendes a in i über, z. B. ꬶaꞔaiux von ꬶaꞔaa, *Kürbis;* 2) bei den auf ux auslautenden Wörtern wird bei der Pluralbildung das dem x des Wortauslauts vorhergehende u elidirt, jedoch erstreckt sich dies bei einigen Wörtern nur auf den Nominativ (§ 7); z. B. barux, *Berg*, Pl. barxux, ulux, *Zahn*, Pl. ulxux, cibux, *Weib*, Pl. cibxux. Mitunter geht das u der Pluralendung in o über (§ 15); z. B. imxox von imux, *Ohr*, binxox von bin, *Braut*, wobei eine vermittelnde Form binux vorausgesetzt werden muss.

§ 43. Drittens giebt es eine Endung mux mit Collectivbedeutung, namentlich fasst sie die einzelnen zu einem Ganzen gehörigen Theile zusammen; Beispiele: ꬶarmux von ꬶar, *Sohn*, wlcimux, von wlci, *Bruder*, xuoßimux von xuoßi, *Schwester*, xinärmux von xinär, *Mädchen*, Kulmux von kul, *Hand*, iurmux von iur, *Fuss*, ꞔiꬶikmux von ꞔiꞔik, *Brustwarze*, kaaimux von kaaa, *Finger*, wobei der in § 42 erwähnte Vocalwechsel zn beachten ist; xaaalmux von xaaal, *Blatt*, quruꞔmux von quruꞔ, *Häufchen*, gamux vou ga, *Stelle*.

§ 44. Ebenfalls mit Collectivbedeutung wird eine doppelte Pluralbezeichnung angewandt, nämlich: urox aus ur und ox und urmux; z. B. amurux von am, *Schulter*, xadurux von xad, *Sacke*, eꞔurux von eꞔ, *Apfel*, koꬶurux von koꬶ, *Haus*, buꞔurux von buꞔ, *Kameel*, oxurux von ox, *Ochse*, eꬶurux von eꬶ, *Pferd;* aꞔurmux von aꞔi, *Wort*, jaqurmux von jaq, *Weg*, jemiꞔurmux von jemiꞔ, *Frucht*.

§ 45. Abweichende Pluralbildungen sind: iꞔkarmur von iꞔu, *Mann*, kexur (§ 65) neben kelur und kulmux von kul, *Hand*, ꬶalmur neben palur von pul, *Auge;* ferner qelrior von qeiri, *anderer*, woneben sich xonor von xono, *er*, kanor von kano, *dieser*, monor von mono, *dieser* stellen. Hierin reihen sich xelor ven xel, *gut*, pixor von pix, *schlecht*, iꞔor von iꞔ, *selbst*, palenor von palen, *bride*, biluoor, *alle*, von bilux.

§ 46. Der Genitiv wird vermittelst der Endungen xai (xai, dai, rai, lai), xei, ei, i, ux (ßu), ix, x gebildet. Von diesen Endungen verlieren die diphthongisch auslautenden in rascher Rede ihr anslautendes i, zumal wenn der vorhergehende Vocal e ist; s. § 8.

§ 47. Die Endung xai finden wir bei consonantisch auslautenden einsilbigen Wörtern. Ist der Auslautsconsonant t, d, r oder l, so wird das anlautende x der Endung assimilirt (§ 24); z. B. eꞔxai von eꞔ, *Tenne*, uxxai von ux, *Ochse*, gomxai von gom, *Farbe*, aber ꬶexai von ꬶex, *Öl*, xedxai von xod, *Baum*, xidxai von xid, *Ulme*, curxai von cur, *Kuh*, iurxai von iur, *Fuss*, kulxai von kul, *Erde*, bulxai von bul, *Kopf*. Ausserdem ist mir dieselbe Endung bei dem vocalisch auslautenden einsilbigen Worte ga, *Stelle* (G. ganxai), vorgekommen. In der Regel haben jedoch die vocalisch auslautenden einsilbigen Wörter die Endungen xei oder ei; z. B. xexei von xe, *Wasser*, pinei von pi, *Blut*, ꬶuxei von ꬶu, *Nacht*, ꬶuxei von ꬶu. *Haase*, ꞔaei von ꞔa, *Seil*, ciei von ci, *Name*, ꬶaei von ꬶa, *Hund*, maei von ma, *Gehirn*.

§ 48. Die Endung ei kommt auch bei einigen zweisilbigen Wörtern vor, namentlich bei wiei, *Bruder*, G. wiéei, zunéi, *Schwester*, G. zunéei, isu, *Mann*, G. isei. Nicht unerwähnt darf es bleiben, dass mir diese Endung auch bei einigen consonantisch auslautenden einsilbigen Wörtern begegnet ist; z. B. elei von el, *Pferd*, usei (neben usaai s. § 47) von us, *Ochse*, uçei von uç, *Honig*, muzei von muz, *Zunge*.

§ 49. Die consonantisch auslautenden zwei- und mehrsilbigen Wörter nehmen die Endung un (ün) an. Namentlich bei den aus dem Tatarischen entlehnten Wörtern kommt dann die Vocalharmonie in Betracht (§ 11); z. B. adamarun von adamar, *Mensch*, zalikun von zalik, *Okrim*, kolawarun von kolawar, *Kasserolle*, biläxärün von biläxär, *Mittag*. Es scheint diese Endung jedoch auch bei jetzt vocalisch auslautenden Wörtern vorzukommen; z. B. nikonun von niko, *Ball*, tuenun von tue, *Bär*, hasonun von haso, *Wolke*; ursprünglich lauteten dieselben wohl auf n aus.

§ 50. In der Regel haben jedoch die vocalisch auslautenden Wörter, wenn sie zweisilbig sind, die Endung i; z. B. nanai von nana, *Mutter*, babai von baba, *Vater*, die auf s und i anslautenden aber auch die Endung in und n, wobei das auslautende a schwindet (§ 14); z. B. larnin von larna, *Ofen*, kodin von koda, *Schaufel*, zazain von zazaa, *Schaf*, éorin von éoza, *Rock*, zarin von zari, *Mehl*, éalin von éali, *Fisch*. Dasselbe finden wir auch bei dreisilbigen Wörtern; z. B. fugarin von fugara, *arm*, arabin von araba, *Wagen*; kaçoli, *Gurke*, G. kaçolin. Selbst einsilbige Wörter kommen mit dieser Endung vor; z. B. zodin von zod, *Baum* (neben zoddal s. § 47), ukin von uk, *Herz*, lurin von lur, *Fuss*, koзin von koз, *Haus*, von welchem Worte man eine Nebenform koзa annehmen möchte, da man auch einen Genitiv koзi findet. Wenn der in einer Übersetzung aus dem Russischen vorkommende Name Iwan, *Johann*, einen Genitiv Iwanin bildet, so erklärt sich dies wohl leicht daher, dass man nicht recht wusste, wie man mit dem Fremdworte umzugehen habe.

§ 51. Der Dativ hat den Character s, welcher entweder an den Wortstamm tritt; z. B. usa von us, *Ochse*, зara von зar, *Sohn*; adamara von adamar, *Mensch*, oder auf den Genitivstamm Rücksicht nimmt; z. B. tueзa von tue, *Bär*, G. tuenзa, kaçolisa von kaçoli, *Gurke*, G. kaçolin, зina von зi, *Tag*, зinei. Wir sehen aber auch andere Vocale auftreten, wobei ohne Zweifel mitunter die Assimilation eine Rolle spielt; z. B. wiée von wiéi, *Bruder*, zunée von zunéi, *Schwester*; buзnu von buз, *Kameel*, G. buзnei, kurru von kur, *Grube*, G. kurrai; tullu von tul, *Weintraube*, G. tullai.

§ 52. Von dem Dativcharakter ist die Bildung der übrigen Beugefälle mit Ausnahme des Instructivs abhängig. Zuerst führen wir den Affectiv an, welcher die Endung x hat. Mit Berücksichtigung des in § 50 Gesagten wird er, wie folgt, gebildet: usax von us, *Ochse*, adamarax von adamar, *Mensch*, зarax von зar, *Sohn*; wiéex von wiéi, *Bruder*, zunéex von zunéi, *Schwester*, tuenax von tue, *Bär*, зinex von зi, *Tag*, buзnux von buз, *Kameel*, tullux von tul, *Weintraube*, kurrux von kur, *Grube*, kaçoli, *Gurke*, kodiax von koda, *Schaufel*.

§ 53. Der Ablativ hat den Charakter xo (in der Mundart von Nidsh xon), welcher auf dieselbe Weise angefügt wird; z. B. usaxo von us, *Ochse*, buзaxo von buз, *Kameel*.

§ 54. Der Comitativcharakter ist xol; z. B. wiðerol, *mit dem Bruder*, busaurol, *mit dem Kameel*.

§ 55. Der Terminativ hat die Endung *l*, welche vielleicht ursprünglich eine Prosecu-tivendung war und stark an die ossetische Postposition (s. Sjögren, Oss. Sprachlehre § 167 S. 221) erinnert; z. B. usal von us, *Ochse*, wiðel, von wiði, *Bruder*, adamaral von adamar, *Mensch*, ţuenal von ţue, *Bär*, ţinal von ţi, *Tag*, busaal von bus, *Kameel*.

§ 56. Der Allativ hat den Charakter ç; z. B. kurruç von kur, *Grube*, xolţaç von xoiţ, *Bitte*, roddaç von rod, *Baum*. Vielleicht ist auch osle, *weshalb*, worn, aus oçie entstanden (§ 26).

§ 57. Der Instructivcharakter ist a oder ea, welche Endung meist an den Wortstamm tritt (§ 52); z. B. adamarea von adamar, *Mensch*, usen von us, *Ochse*, dadalen von dadal, *Hahn*, wiðen von wiði, *Bruder*, ţuenen von ţue, *Bär*, busen von bus, *Kameel*, tulen von tul, *Weintraube*, kaçolinen von kaçoli, *Gurke*, ţaren von ţar, *Sohn*.

§ 58. Eine Art Causativ wird durch die vielleicht mit dem Instructiv zusammenhängende Endung eak (in der Mundart von Nidsh einak) ausgedrückt; z. B. ekeak, *für das Pferd*, von ek, *Pferd*, uţeak (uţeinak), *wegen Holz*, von uţ.

§ 59. Nur durch wenige Beispiele kann ich einen Locativ auf iţ belegen; z. B. samaiţ *in der Woche*, ţaKiţ, *im Garten*.

§ 60. Nur bei dem Pronomen ist mir eine Spur des Adessivaffixes sta, welches vom Dativcharakter abhängig ist, vorgekommen; z. B. zasta, *bei mir*, jasta, *bei uns*, ičuţosta, *bei sich selbst*.

§ 61. Der Caritiv wird vermittelst der auch beim Verbum (§ 128) auftretenden Negation aui gebildet; z. B. kalabaloaui, *ohne Ersücher*, kömäknaui, *ohne Hülfe*.

§ 62. Im Plural haben alle obliquen Casus den Charakter ţo gemeinsam, und an diesen treten die einzelnen Endungen; nackt tritt er im Dativ auf; z. B. busurţo, von bus, *Kameel*, usurţo von us, *Ochse*, hasoţo von haso, *Wolke*, ţueţo von ţue, *Bär*, wiðinuţo von wiði, *Bruder*, kaçoliţo von kaçoli, *Gurke*, babaţo von baba, *Vater*. Wie aus vorstehenden Beispielen erhellt, tritt dieses ţo an die Pluralendung ur, bei den Wörtern aber, welche die Endung ui haben, direct an den Wortstamm; jedoch giebt es einige der letzteren Wörter, welche dennoch die Endung ur vor dem Charakter ţo eintreten lassen; z. B. ţiurţo von ţi, *Tag*, Pl. ţiux; haurţo von ha, *Hund*, Pl. haux.

§ 63. Die übrigen Casusendungen für den Plural sind: Genitiv —ţoi, Affectiv —ţox, Ablativ —ţoxo, Comitativ —ţoxol, Terminativ —ţol, Instructiv —ţen, Causativ —ţeak, Adessiv —ţosta.

§ 64. Nach Analogie des Plurals werden diejenigen Nomina declinirt, welche auf ui ausgehen; z. B. cibux, *Weib*, G. cibuţoi, ulux, *Zahn*, G. uluţoi, imux, *Ohr*, G. imuţoi; auch mit Elision (§ 7) des u: burux, *Berg*, G. burţoi. Der Plural dieser Wörter wird also declinirt: Nom. oibxux, Gen. oibkoi, Dat. oibko (vergl. § 25, 1), uluux, G. uluxţoi, imxux, G. imuxţoi, burxux, G. buruxţol.

§ 65. Eine Eigenthümlichkeit findet in der Declination der auf ul auslautenden Wörter statt, indem sie eine verkürztere Form darbieten; z. B. bul, *Kopf*, Gen. bin, Affect. boz, Abl. bozo, Termin. bel; ebenso pul, *Auge*, G. pin, Aff. poz, zul, *Hand*, G. zin, Aff. zoz, sogar im Plural zezur (§ 35).

§ 66. Als Beispiele der Declination mögen folgende Wörter dienen:

Singular.

Nom.	us, *Ochse*	kul, *Erde*	gi, *Tag*	wičl, *Bruder*	baba, *Vater*
Gen.	usaal	kullal	ginel	wičel	babal
Dat.	usoa	kullu	gina	wiče	baba
Aff.	usnaz	kullux	ginaz	wičez	babaz
Abl.	usnazo	kulluzo	ginazo	wičezo	babazo
Comit.	usnazol	kulluxol	ginazol	wičezol	babazol
Term.	usal	kullul	ginal	wičel	babal
Allat.	usnač	kulluč	ginač	wičeč	babač
Instr.	usen	kulen	ginen	wičen	baban
Causat.	usenk	kulenk	ginenk	wičenk	babank

Plural.

Nom.	usur	kulur	giuz	wičimuz	babauz
Gen.	usurgol	kulurgol	giurgoi	wičimugoi	babagoi
Dat.	usurgo	kulurgo	giurgo	wičimugo	babago
Aff.	usurgoz	kulurgoz	giurgoz	wičimugoz	babagoz
Abl.	usurgozo	kulurgozo	giurgozo	wičimugozo	babagozo
Comit.	usurgozol	kulurgozol	giurgozol	wičimugozol	babagozol
Term.	usurgol	kulurgol	giurgol	wičimugol	babagol
Allat.	usurgoč	kulurgoč	giurgoč	wičimugoč	babagoč
Instr.	usurgon	kulurgon	giurgon	wičimugon	babagon
Causat.	usurgonk	kulurgonk	giurgonk	wičimugonk	babagonk

Singular.

Nom.	haso, *Wolke*	adamaz, *Mensch*	pačoa, *Kürbis*	kaçoli, *Gurke*	buruz, *Berg*
Gen.	hasonun	adamarun	pačnin	kaçolin	burgol
Dat.	hasona	adamara	pačnina	kaçolina	burgo
Aff.	hasonaz	adamaraz	pačninaz	kaçolinaz	burgoz
Abl.	hasonazo	adamarazo	pačninazo	kaçolinazo	burgozo
Comit.	hasonazol	adamarazol	pačninazol	kaçolinazol	burgozol
Termin.	hasonal	adamaral	pačninal	kaçolinal	burgol
Abl.	hasonač	adamarač	pačninač	kaçolinač	burgoč
Instr.	hasonen	adamaren	pačninen	kaçolinen	burgon
Caus.	hasonenk	adamarenk	pačninenk	kaçolinenk	burgonk

Plural.

Nom.	hasoux	adamarux	paćniux	kaçoliux	buruxux
Gen.	hasoꙅoi	adamarꙅoi	paćniꙅoi	kaçoliꙅoi	buruxꙅoi
Dat.	hasoꙅo	adamarꙅo	paćniꙅo	kaçoliꙅo	buruxꙅo
Aff.	hasoꙅox	adamarꙅox	paćniꙅox	kaçoliꙅox	buruxꙅox
Abl.	hasoꙅoxo	adamarꙅoxo	paćniꙅoxo	kaçoliꙅoxo	buruxꙅoxo
Comit.	hasoꙅoxol	adamarꙅoxol	paćniꙅoxol	kaçoliꙅoxol	buruxꙅoxol
Term.	hasoꙅol	adamarꙅol	paćniꙅol	kaçoliꙅol	buruxꙅol
Allat.	hasoꙅoć	adamarꙅoć	paćniꙅoć	kaçoliꙅoć	buruxꙅoć
Instr.	hasoꙅon	adamarꙅon	paćniꙅon	kaçoliꙅon	buruxꙅon
Caus.	hasoꙅonk	adamarꙅonk	paćniꙅonk	kaçoliꙅonk	buruxꙅonk

§ 67. Die Declination der Adjectiva und Participia geht, wenn diese zu Substantiven erhoben werden, so vor sich, dass als Dativcharakter tu eintritt, der Genitiv aber die Endung tai (§ 24, 2) hat; z. B. tel, *gut*, G. teltai, D. teltu, Instr. teltin; maçi, *weiss*, G. maçitai, kinbalo, *Handarbeiter*, G. kinbaltai, D. kinbaltu; arituxo, *von dem Kommen*, ist der Ablativ von ari, *gekommen* (§ 120). Im Plural bleibt der Charakter tu auch in den obliquen Casus; z. B. Pl. telor, *die guten*, G. teltuꙅoi, maçior, *die weissen*, G. maçituꙅoi. Ebenso werden auch die Zahlwörter und Pronomina flectirt; z. B. sa, *eins*, G. suntai, D. suntu, xib, *drei*, G. xibtai, D. xibtu, sauo, *der erste*, G. sauntai, saunor, *die ersten*, G. sauntuꙅoi, tono, *er*, G. tetai, D. tetu, mono, *dieser*, G. metai.

§ 68. Die Grundzahlwörter sind: 1, sa, 2, pꙅ, 3. xib, 4, bip, 5, ꙅo, 6, uꙅ, 7. wuꙅ, 8, muꙅ, 9, wui, 10, wiç, 11, saçça, 12, paçça, 13, xibeçça, 14, bipeçça, 15, ꙅoçça, 16, uxeçça, 17, wuꙅeçça, 18, muꙅeçça, 19, wuiçça, 20, qa, 21, saqosa, 22, saqopa, 30. saqowiç, 31, saqosaçça, 40, paqo, 41, paqosa, 50, paqowiç, 51, paqosaçça, 60, xibqo, 61, xibqosa, 70, xibqowiç, 71, xibqosaçça, 80, bipqo, 81, bipqosa, 90, bipqowiç, 100, baç, sabaç, 101, baçsa, 200, pabaç u. s. w. 1000 hazar. Beim ersten Blick erkennt man eine vollständige Analogie mit der Zählmethode anderer kaukasischer Völker; man vergleiche Pott, über die quinäre und vigesimale Zählmethode S. 81—85, meinen Versuch über die Thusch-Sprache § 141 und über das Awarische § 78. In Betreff der Declination s. § 67. Über die Umgestaltung von qa zu qo (qo) s. § 6 Anmerk. und § 11.

§ 69. Ursprünglich scheint der Begriff der Ordnungszahl im Udischen zu fehlen; s. § 151; man drückt dieselbe jetzt durch Anfügung der Genitivendung un aus; z. B. 1. saun, *der erste*, 2. paun, *der zweite*, 3. xibun, *der dritte*, 4. bipun, *der vierte*. Eine zweite Art, dieselbe auszudrücken, ist mit Anwendung des Participips der zukünftigen Zeit ukal, *sagend* oder *gesagt*, wie dies auch im Awarischen geschieht, s. m. Versuch § 3 folg. und § 79.

§ 70. Die Collectivzahlwörter palen, *beide, ihrer zwei*, xipalen, *ihrer drei*, bipalen, *ihrer vier*, u. s. werden auch wie Adjectiva declinirt; z. B. G. palentai, Dat. palentu.

§ 71. Iterativzahlwörter bildet man vermittelst kärin; z. B. sakärin, *einmal*, pakärin, *zweimal*, u. s. w.

§ 72. Die Pronomina der ersten und zweiten Person sind zu, *ich*, un (in der Mundart von Nidsh hun), *du*, im Plural jan, *wir*, wan, *ihr;* sie werden auf folgende Weise declinirt:

Nom.	zu, *ich*	un, *du*	jan, *wir*	wan, *ihr*
Gen.	bezi	wi	besi	eñ
Dat.	za	wa	ja	wą
Aff.	zaz	waz	jaz	waz
Abl.	zazo	wazo	jazo	wazo
Comit.	zazol	wazol	jazol	wazol
All.	zaǒ	waǒ	jaǒ	waǒ
Instr.	zu	un	jan	wan
Term.	zal	wal	jal	wal
Caus.	zenk	weak	jenk	efenk
Adess.	zasta	wasta	jasta	wasta

§ 74. Für die dritte Person braucht man tono, *er*, G. tetui; entweder ist hier e aus o geschwächt, oder es hat vielleicht der Auslautsvocal des Nominativs auf den Wurzelvocal assimilirend eingewirkt; die Declination geht also vor sich:

Nom.	tono, *er*	tonor, *sie*
Gen.	tetui	tetugoi
Dat.	tetu	tetugo
Aff.	tetuz	tetugoz
Abl.	tetuzo	tetugozo
Comit.	tetuzol	tetugozol
Term.	tetul	tetugol
Allat.	tetuǒ	tetugoǒ
Instr.	tetin	tetugon
Caus.	tetenk	tetugonk
Adess.	tetasta	tetugosta

§ 75. Ursprünglich gab es wohl auch einen Pronominalstamm o, der sich noch in einigen Partikeln erhalten hat, namentlich in or, *wie*, welchem tor correlativ gegenübersteht, und osta, das mir aus oǒta entstanden zu sein scheint (§ 56).

§ 76. Werden die Personalpronoomina der ersten und zweiten Person des Singulars dem Verbum ein- oder angefügt, so büsst zu seinen Vocal ein, un aber verliert bei der Einfügung seinen Vocal, tritt es aber hinten an das Verbum oder ein anderes Wort, so kann es zu lauten, oder ebenfalls auf a reducirt werden (§ 9). Während jan, *wir*, unverändert bleibt, tritt für wan, *ihr*, die Form nan auf; z. B. ekan, *was du*, nan, *wohin du*, tunnu, *Brot du*. Dieselbe Verkürzung oder Umstellung findet auch statt, wenn die Pronomina verdoppelt auftreten; z. B. zuz, *ich*, unnu, *du*.

§ 77. Für die dritte Person finden wir beim Verbum die Endung ne, welche bei vorhergehenden t, d, r oder l eine Assimilation des Anlauts erleidet, welcher auch die andern beiden mit n anlautenden Pronominalaffixe unterworfen sind (§ 24), im Plural aber die Form que, statt welcher in der Mundart von Nidsh tun gebräuchlich ist.

§ 78. Bei den Zeitwörtern, welche den Dativ erfordern, sehen wir im Singular den Adjectivcharacter tu, im Plural aber qo (qo), das wohl eine Nebenform des Pluralcharakters ko sein dürfte (§§ 25, 62).

§ 79. Das Reflexivpronomen ist ić, *selbst*, G. ića (wohl ursprünglich ićai § 8), Dat. iću, Aff. ićux, Instr. ićen, Pl. N. ićor, G. ićuĝoi Dat. ićuĝo.

§ 80. Für das Reciprokpronomen gebraucht man den Stamm des Zahlwortes sa, welcher uns aus § 68 als *son* bekannt ist, nur ist hiebei nicht der Casuscharakter tu in Anwendung. Ich habe folgende Casus gefunden: Dat. sunsusa, Aff. sunsusax, Comit. sunsunaxoi.

§ 81. Das Possessivpronomen fällt mit dem Genitiv der Personalpronomina zusammen: besi, *mein*, wi, *dein*, setsai, *sein*, basi, *unser*, eü, *euer*, setuĝoi, *ihr*. Wir sehen aber auch kürzere Formen: bes, beš und ef. Substantivisch gebraucht werden diese Pronomina auf die § 67 angegebene Weise declinirt; z. B. besi, G. besitai, D. besitu; setsai, *der seinige*, G. setsitai, D. setsitu. Ausser den genannten Possessivpronomina kommen auch noch vor: ićitai, *der eigene*, xanotai, *der diesem gehörige*, ehatai, *der vorm gehörige* (*cujus*).

§ 82. Demonstrativpronomina sind moso, Pl. mosor, und xaso, Pl xasor. In den obliquen Casus hat jenes den Stamm me, an welchen der Character tu tritt, dieses aber xa mit demselben Charakter. Von dem ersteren Stamm ist auch mema, *soviel*, abgeleitet, neben welchem sich tema findet, das von dem Pronomen te, *jener*, welches sich in tesa, *der andere* (eig. *jener einer*) erhalten hat, herzuleiten ist.

§ 83. Die Interrogativpronomina sind su, *wer*, eha (N. hike), *was*, maso, *welcher*, das auch als Relativpronomen gebräuchlich ist; von dem Stamm e (in der Mundart von Nidsh wahrscheinlich hi) sehen wir ema, *wie viel* (§ 118), eqara, *wie gross*. Die Declination geht also vor sich:

	Sing.	*Plur.*	*Sing.*	*Plur.*
Nom.	su, *wer*	eha, *was*	maso, *welcher*	manor, *welche*
Gen.	si	etai	matai	matuĝoi
Dat.	su	etu	matu	matuĝo
Affect.	sux	etux	matux	matuĝox
Ablat.	suxo	etuxo	matuxo	matuĝoxo
Comit.	suxoi	etuxoi	matuxoi	matuĝoxoi
Term.	sal	etul	matul	matuĝol
Instr.	sin	etin	matin	matuĝon

§ 84. Als Relativpronomen dient das soeben (§ 83) behandelte maso, welches das stammhafte s überall beibehält; es kommt aber noch die verstärkte Form manois vor, welche im Plural manosis lautet. Das is folgt enklitisch nach, ist aber auch trennbar: z. B. maso pai is, *welcher Theil*.

§ 85. Pronomina indefinita sind: subsxain, *wer immer*, suksi, *irgend wer*, ehsi, *irgend was*, ehabsxain, *was immer*, har, *jeder*, su ema, *einige*, biten, *all*, masos, *irgendeiner*, sus, *irgendwer* (§ 35).

§ 86. Negative Pronomina sind: suksalie, *niemand*, mensksalie, *keiner*, saie, *kein*, eksalie ehsalie, *nichts*.

§ 87. Bei dem jetzigen Zustande des Udischen können wir fast nur von zusammengesetzten Zeitwörtern sprechen. Es dürften wohl nur sehr wenige Verbalwurzeln nachzuweisen sein. Der Art sind: *aq, nehmen, biq, heften, buq, wollen,* bok, *brennen, bak, sein, aak, werfen, ak, essen, uġ, trinken, beġ, sehen, oö, führen, bos, kochen,* lit, *laufen,* bit, *eilen, bad, kneten,* bil, *liegen, bos, bitten,* bos, *werfen, ap, reifen,* el, *halten, bar, zerstreuen.*

§ 88. Die Verba, welche hauptsächlich als Elemente der Zusammensetzung vorkommen, sind: besun, *machen,* das in manchen Fällen zu bsun verkürzt wird (§ 6) und zwar besonders häufig in der Mundart von Nidsh, pesun (psun) *machen, sagen,* und daneben desun, tesun, weniger häufig kesun, xesun. Alle diese Verba dienen dazu, um mehr oder minder Verba der Thätigkeit, Activa und Factitiva zu bilden, zur Bildung von Passiven aber dient esun, *kommen,* das sich wohl auch zur Bildung neutraler Verba gebrauchen lässt, in welcher Function übrigens meist baksun vorkommt. Es liegt die Vermuthung nahe, es könne sich desun einstmals so zu besun verhalten haben, wie etwa im Tbusch dar zu bar; s. meinen Versuch §§ 167, 178.

§ 89. Tritt besun an Nomina, so kann die Verbindung eine engere sein, z. B. aibesun, *arbeiten,* von ai, *Sache,* uhbesun, *sich erkühnen,* von uk, *Herz,* qybesun, *sich fürchten,* von qy, *Furcht,* otbesun, *sich schämen,* von ot, *Schande;* auch mit mehrsilbigen Fremdwörtern, z. B. sinamisbesun, *preisen,* kaġlplamisbesun, *Stockschläge geben,* dindyglamisbesun, *picken,* bujarmisbesun, *befehlen,* iapsarmisbesun, *einhändigen, übergeben.* Zweitens tritt besun an Nomina in der Instructivform, in welcher sie adjectivisch gebraucht werden; z. B. ooisenbesun, *beschmutzen,* von ooi, *Schmutz,* qufulenbesun, *zuschliessen,* von quful, *Schloss,* pinenbesun, *blutig machen,* von pi, *Blut.* Drittens an Adjectiva: agubesun, *verbittern,* von aġu, *bitter,* laibesun, *erneuern,* von lai, *neu,* ostawerbesun, *kräftigen,* von ostawar, *fest,* hin und wieder mit Elision des e (§ 6): oqalubsun, *erniedrigen,* von oqalu, *niedrig,* zurubsun, *verkleinern,* von zuro, *klein;* es kann aber auch der Endvocal des Adjectivs abfallen; z. B. serbesun, *machen,* von seri, *wirklich.* Auch kommen Zusammensetzungen mit Adverbien vor; z. B. alabesun, *erheben,* von ala, *oben.* Über die Zusammensetzung mit reduplicirten Wörtern vergleiche man § 83.

§ 89. Wird besun mit andern Zeitwörtern zusammengesetzt, so geschieht dies mit dem Infinitivstamm derselben; z. B. apsabesun, *braten,* von apsun, *reifen,* acesbesun, *verderben,* von acesun, *verloren gehen.*

§ 90. Das Zeitwort pesun wird meist mit Substantiven aus reduplicirten Wörtern (§ 33) zusammengesetzt, wobei es ebenfalls seinen Vocal einbüssen kann (§ 6). Beispiele der Zusammensetzung sind: aiipesun, *sprechen,* von aii, *Wort,* axxampesun, *lachen,* von axxam, *Gelächter,* aiipsun, *spielen,* von aöi, *Spiel.*

§ 91. Die beiden Zeitwörter desun und tesun sind identisch und treten ersteres mit solchen Wörtern in Verbindung, welche auf einen flüssigen oder weichen Consonanten ausgehen, letzteres dagegen tritt nach harten Auslautsconsonanten auf; sie treten an Nomina, Substantiva und Adjectiva, vornehmlich aber an Zeitwörter, um Factitiva zu bilden. Fällt bei diesen Zusammensetzungen der Vocal aus, so findet eine Consonantenversetzung, nämlich at statt ta, statt (§ 23). Beispiele: aldesun, *flechten*, *weben*, qaldesun, *kauen*, ilgildesun, *ausspülen*, gumdesun, *erwärmen*, captesun, *schütteln*, saqtesun, *verstümmeln*, tastesun, *müssen*, tlqtesun, *einschlagen*; aber auch óalaqdesun, *hinken*, urtesun, *drehen*, haspeln; tarastun, *drehen*, statt taradesun, isstun, *geben*, statt ladesun. In den Zusammensetzungen mit andern Zeitwörtern, wobei (vergl. § 89) Factitiva gebildet werden, treten letztere mit ihrem Infinitivstamme (§ 116) voran; z. B. arcestesun, *setzen*, von arcesesun, *sitzen*, otbestesun, *beschämen*, von otbesun, *sich schämen*, ulkestesun, *nähren*, von ulksun, *essen*, agestesun, *tränken*, von agsun, *trinken*, edestesun, *kommen-lassen*, von edsun, *führen*, akestesun, *zeigen*, *beweisen*, von aksun, *sehen*.

§ 92. Ähnlicher Natur ist auch das Verbum kesun, welches bei vorhergehendem r das anlautende k in x verwandelt; wir finden es in qekesun, *waschen*, von qexesun, *sich waschen*, uskesun, *messen* (usesun, *gemessen werden*), butkesun, *bedecken* (butesun, *bedeckt werden*), orkesun, *kämmen*, élxarxesun, *beendigen*, karxesun, *leben*. Häufig finden wir noch vor dem Vocal ein w, über dessen Entstehung ich vor der Hand nichts zu sagen weiss; z. B. óarewkesun, *erkälten*, *kühlen*, von óax, *Eis* (óaxesun, *zu Eis werden*), çewkesun, *ausführen* (çesun, *ausgehen*), ciwkesun, *hinabführen* (cisun, *hinabsteigen*), zerewkesun, *schmücken*, *schön machen* (zeresun, *schön sein*).

§ 93. Das Verbum esun, das zur Bildung neutraler und passiver Verba, namentlich im Gegensatz zu den vermittelst çesun gebildeten Activen gebraucht wird, erstreckt sich vielleicht auch noch auf eine Anzahl von Zeitwörtern, welche in § 87 unter den Verbalwurzeln namhaft gemacht worden sind. Es büsst dabei häufig den Vocal ein, oder falls ein ein Vocal vorhergeht, ist auch ein Übergang in i möglich (§ 17); geht ein d oder t vorher, so findet eine Consonantenumstellung statt, indem aus ts, da d nothwendig in t übergeht, st wird; z. B. aksun, *sichtbar sein* (aber akestesun, *zeigen*, das auf akesun zurückweist); baisun, *eingehen* (vergl. basaksun, *hineinstecken*, bapesun, *eingiessen*) und laisun, *klettern* (vergl. lapsun, *ansehen* und lastun von ladesun, *beschmieren*), lsisun, *kommen* (vergl. lsstun, *geben*, das aus ladesun entstanden ist), sind offenbare Zusammensetzungen.

§ 94. Das Verbum baksun, *werden*, tritt ein im Gegensatz zu den mit besun gebildeten Activen, wobei dieselben Fälle zu beachten sind: zebaksun, *schmelzen* (zebsun, Act.), zabarbaksun, *benachrichtigt werden*); ibaksun, *gehört werden* (von dem alten Singular 1 Pl. imax, *Ohr*), umudbaksun, *hoffen*, von umud, *Hoffnung*, ogmisbaksun, *gerühmt werden*, çelmenbaksun, *schwindrig werden*, apenbaksun, *in Schweiss gerathen*; sogar mit Ablativen: flaxrobaksun, *berauscht werden*, slaxobaksun, *ohnmächtig werden*, kiribaksun, *sich winden*, qaribaksun, *trocken werden*, oqalubaksun, *erniedrigt werden*, slabaksun, *sich erheben*, arcesbaksun, *sitzen können*, ladesbaksun, *geben können*, lsesbaksun, *gehen können* (§ 89), çebaksun, *vorübergehen*. Ausserdem wird es mit dem Particip der gegenwärtigen Zeit zusammengesetzt, um eine Art von Inchoativen zu bilden: itabalalabaksun von itabaksun, *sich nähern*, aqalabaksun von aqsun, *ergreifen*, *nehmen*.

§ 95. Es kommen eine Anzahl von Zeitwörtern vor, welche mit Substantiven zusammengesetzt werden: aqsun, *nehmen*, duqsun, *schlagen*, lasun, *geben*, saksun, *werfen*, zapesun, *ziehen* und biqsun, *fangen*; z. B. zabaraqsun, *fragen*, óuboxaqsun, *heirathen*, spóiduqsun, *lügen*, Kuldufsun, *anrühren*, gomdufsun, *gründen (Farbe)*, xiugdufsun, *lästen*, ukiastun, *erheitern*, elmuxiastun, *den Geist aufgeben*, adsaksun, *stänkern*, axxapsun, *athmen*, xaxxapsun, *Linien ziehen*, adbiqsun, *riechen*, daxbiqsun, *frieren*, kumbiqsun, *einwurzeln*.

§ 96. Eine Anzahl von Zeitwörtern sind mit Partikeln, welche sich zum Theil nicht mehr selbstständig erhalten haben, zusammengesetzt, nämlich: basaksun, *hineinstecken*, bapesun, *eingiessen*, baisun (§ 93) *eingehen*, wobei wir an das im Ossetischen vorkommende ba (s. Sjögren, Osset. Sprachlehre S. 111 § 88 *e*) erinnert werden; ferner ismandesun, *berühren*, lapsun, *ansichen*, lasun (eig. ladesun), *bestreichen*, *beschmieren*, laisun (§ 92), *klettern*, in welchen Wörtern das la offenbar eine mit laxo, *oben*, zusammenhängende Bedeutung hat; iasun (eig. ladesun), *geben*, laisun (la-esun, § 93), *kommen*, alalaisun, *emporklettern*, oqasaksun, *hinunterwerfen*, boxpesun, *vorhersagen*.

§ 97. Ausser dem Indicativ finden wir im Udischen einen Conjunctiv, Optativ, Conditionalis und Imperativ.

§ 98. Zeiten giebt es folgende: 1) das Praesens mit dem Charakter xa (xa), an welchen 2) im Imperfect i tritt; 3) das unbestimmte Präteritum oder der Aorist, der auf i ausgeht; 4) das bestimmte Präteritum oder das Perfect auf e; 5) das bestimmte Futurum mit dem Charakter o; 6) das unbestimmte Futurum, das aus dem Particip der Gegenwart (§ 111) gebildet wird.

§ 99. Die Personalbezeichnung findet entweder hinter dem Verbum statt oder wird zwischen den beiden Elementen des Compositums eingefügt; drittens kann aber auch das zum Verbum gehörige Personalpronomen enklitisch an ein vorhergehendes Wort treten (§ 161). Im ersten Falle verliert das Pronomen der ersten Person im Präsens des Conjunctivs seinen Vocal, das Pronomen der zweiten Person aber im Aorist und Perfect und ausserdem im Präsens des Conjunctivs; z. B. vom Verbum besun, *machen*, Praes. Conj. 1. baz, 2. bes, Aor. 2. bis, Perf. 2. ben, statt bezu, besu, bisu, besu. Das Pronomen der dritten Person ne wird nur im umschriebenen Conjunctiv verkürzt, wodurch die zweite und dritte Person in der Form zusammenfallen (§ 110). Bei der Einfügung findet diese Verkürzung beständig statt, wenn das Pronomen der ersten und zweiten Person zwischen die beiden Elemente inniger verbundener Composita tritt, ist das Band aber lockerer, so bleiben die vollen Formen. Als Beispiele des ersteren Falls von den Verben esun, *kommen*, taisun, *gehen*, begsun, *sehen*:

Praes. 1. exsa   2. essa   1. taxsa   2. tansa   1. bexgesa   2. bengesa
Aor.   1. taxci   2. tanci
Fut.   1. exgo   2. engo   1. taxgo   2. tango.

Dagegen von qaidesun, *zurückgeben*, und baxqesun, *stehlen*:

Praes. 1. qaixudesa   2. qainudesa   1. baxxuqesa   2. bainuqesa
Aor.   1. qaixudi   2. qainudi   1. baxxuqi   2. bainuqi

Ebenfalls unverkürzt bleiben die Pronomina, wenn sie im Imperfect des Conjunctivs zwischen dem Verbalstamm und der Endung i eingefügt werden:

1. bemi, 2 bemui, 1. laḡasui, 2. laḡasui. 1. ukazui, 2. ukazui, 1. oḡazui, 2. oḡazui.

Die mit a anlautenden Pronomina assimiliren diesen Laut einem vorhergehenden t, d, r, l, mag dieses nun dem Verbum oder einem andern Worte gehören, an welches sie gefügt werden; z. B. butleki statt butneki, *er bedeckte*, addebaḳo statt adnebaḳo, *er wird stinken*, zabarreaqi statt zabarneaqi, *er fragte*, balla statt balna, *du wirst thun*, ballan statt balnan, *ihr werdet thun*, balle statt balne, *er wird thun*.

§ 100. Die Zeitwörter, welche den Dativ der Person erfordern, fügen das Personalpronomen za, wa und für die dritte Person tu, iu Plural aber ja, wa, und für die dritte Person qo (qọ § 11) entweder ein oder lassen es nachfolgen; z. B. boqsua, *lieben*, Praes. Sing. 1 buzaqsa, 2. bewaqsa, 3. butuqsa. Pl. 1. bujaqsa, 2. buwaqsa, 3. buqoqsa. Fut. II. S. 1. buqalza, 2. buqalwa, 3. buqaltu u. s. w. Hiebei kann Assimilation stattfinden; z. B. awwaz statt des erwarteten abawa, *du weisst*.

§ 101. Der Präsenscharacter ist sa, welcher aus esa entstanden ist. Diese ursprüngliche Form tritt hervor, sobald eine zu starke Consonantenhäufung vermieden wird; z. B. uqunḳesa, *sie essen*, von uḳsun, *essen*. In dem Verbum desun (tesun), welches als zweites Glied vieler Composita auftritt (§ 91), wird das e elidirt, worauf eine Umstellung der beiden Consonanten d (oder t) und s erfolgt; z. B. çawdesun, *glänzen*, Praes. 3. çawnesta statt çawnedesa, zaḳlesun, *taufen*, Praes. 3. zaḳnesta statt zaḳnedesa, so auch iraqista statt iraqidesa von iraqistun (statt iraqidesun), *klopfen*, aber iraqindesa, *du klopfest*.

§ 102. Für das Verbum ḳesun, *sprechen*, ist ein Praesens esa (N. nesa) im Gebrauch, welches bei Anfügung der Personalpronomina seinen Auslautsvocal einbüsst; z. B. erzu, *ich spreche*, ersu, *du sprichst*, in Zusammensetzungen jedoch (§ 90) denselben beibehält; z. B. lanesa von laḳsun, *anthun*, çoçumesa von çuçupsun, *kneten*, oneqnesa von oneḳesun, *weinen*.

§ 103. Bei der Bildung des Imperfects wird an die Praesensendung i gefügt; z. B. besazui, *ich machte*, erzai, *ich kam*, buzuqesai, *ich stahl*, vom Praesens besazu, erza, buzuqesa; erzui, *ich sprach*, lanezai, *er that an*, vom Praes. erzu, laneza.

§ 104. Das erste Präteritum oder der Aorist, der mit dem Particip der vergangenen Zeit (§ 120) zusammenfällt, hat den Character I, welcher entweder an den Auslautsconsonanten der Verbalwurzel tritt, oder den Auslautsvocal verdrängt; z. B. aqi von aqsun, *nehmen*, beḡi von beḡsun, *sehen*, bi von besun, *machen*, di von desun u. s. w. aḳi von aḳsun, *sehen*. Hin und wieder hat sich im Aorist ein alter Stamm erhalten, z. B. in ari (N. hari), *gekommen*, das neben oei, welches nur in zusammengesetzten Zeitwörtertern vorkommt, zum Begriff des Kommens (esun) gehört. Das Pronomen tritt mit Ausnahme der zweiten Person unverkürzt an den Aoriststamm; z. B. 1. bizu, 2. bin, 3. bine; 1. arizu, 2. arin u. s. w., in den Compositis aber vor den zweiten Bestandtheil mit oder ohne Verkürzung des Pronomens der beiden ersten Personen; z. B. lazei, laaei von iaisua, *gehen*; qainudi von qaidesun, *zurückgeben* (§ 99).

§ 105. Das Perfect geht auf e aus; dies ist in der Form der einzige Unterschied vom Aorist; z. B. 1. bezu, 2. ben, 3. bene.

§ 106. Aus dem Perfect wird das Plusquamperfect durch Anfügung der Präteritum-endung i gebildet; z. B. eypinei, *er hatte geschält*, von eypesun, aḱqun isdei, *sie hatten das Wort gegeben*, von all lastun.

§ 107. Das bestimmte Futurum hat den Charakter o, der sowie der Aoristcharakter behandelt wird; in Betreff der Pronomina ist zu bemerken, dass sie, wenn sie hinten antre-ten, meist unverkürzt bleiben, bei der Einfügung aber gelten die obengemachten Bemer-kungen (§ 99); z. B. 1. bozu, 2. bonu, 3. bone von besun, aber 1. azqo, 2. anqo, 3. aneqo von aqsun, *nehmen*, 1. lazdo, 2. iando, 3. lanedo von iastun, *geben*, es kommt aber statt iando auch iadon vor; 1. qaizudo, 2. qainudo, 3. qainedo von qaidesun, *zurückgeben*.

§ 108. Das unbestimmte Futurum besteht aus dem Particip des Präsens auf al (§ 119), an welches das Personalpronomen gefügt wird; z. B. 1. balzu, 2. ballu, 3. balle, Pl. 1. baljan, 2. ballan, 3. balqun.

§ 109. Von den ausser dem Indicativ vorkommenden Aussageweisen ist der Imperativ voranzustellen, da er den ursprünglichen Wurzelvocal a erhalten hat; z. B. ba von besun, *machen*, upa von pesun (§ 123), da von desun. In der Mehrzahl lautet er banan, upanan, danan.

§ 110. Das Präsens des Conjunctivs wird auf zweifache Weise gebildet, entweder durch Anfügung der Pronomina an den ursprünglichen Verbalstamm auf a, wobei die erste und zweite Person eine Verkürzung erleiden (§ 99) oder durch Umschreibung. Das ein-fache Präsens lautet: 1. baz, 2. ban, 3. bane, 1. aqaz, 2. aqan, 3. aqane, 1. indaz, 2. iadm, 3. iadane. Die erste Person des Plurals aber lässt eine Zusammenziehung zu, indem statt indajan, ćeġajan, ukajan, aqajan auch die Formen iadan, ćeġan, uken, aqen im Gebrauch sind.

§ 111. Das umschriebene Präsens des Conjunctivs lässt die Personalpronomina in der für das einfache Präsens des Conjunctivs geltenden Weise an die Partikel qa (qə § 11) tre-ten und dann das Particip der Vergangenheit folgen, z. B. S. 1. qaz bi, 2. qan bi, 3. qun bi, Pl. 1. qajan bi, 2. qanan bi, 3. qaqun bi.

§ 112. Das Imperfect des Conjunctivs wird gebildet, indem man die Präteritendung i an das einfache Präsens des Conjunctivs fügt, wobei die vollen Pronominalformen eintre-ten, z. B. S. 1. bazui, 2. banui, 3. banei; S. 1. aqarui, 2. aqanui, 3. aqanei u. s. w.

§ 113. Der Optativ hat zwei Formen, welche den beiden Futurformen parallel ge-hen und aus ihnen durch Hinzufügung der Präteritendung i gebildet werden. Demnach lautet der erste Optativ S. 1. bozui, 2. bonui, 3. bonei u. s. w., der zweite S. 1. balzui, 2. bal-lui, 3. ballei u. s. w.

§ 114. Der Conditional wird ähnlich wie das umschriebene Praesens des Conjunctivs gebildet, nämlich vermittelst Anfügung der Personalpronomina an die Partikel gi (§ 139) und der Plusquamperfectform, z. B. 1. giz bakei, 2. gin bakei, 3. gin bakei, Pl. 1. gijan bakei, 2. ginan bakei, 3. giqun bakei.

§ 115. Es finden sich aber auch Spuren eines einfachen Conditionals; z. B. baḱain, die zweite und dritte Person des Singulars von baḱsun, barḱain, *wenn er lässt*, igär baḱaitu, *wenn es ihm möglich ist*, igär wax namusen otbesiestain, *wenn dich das Gewissen nicht beschämt*.

Anmerkung. Das gi kommt auch noch mit andern Zeiten verbunden vor, z. B. mit dem zweiten Optativ çe̱zalginei, *wenn er hervorkommen sollte.*

§ 116. Der Infinitiv ist ein Verbalnomen, das auf sun ausgeht und declinirt werden kann; z. B. lasiuna, Dativ von lastun, *geben,* aqsunaxo, der Abl. von aqsun, *nehmen.* Nach Beseitigung der Endung un erhalten wir den in Compositis üblichen Infinitivstamm (§ 91).

§ 117. Von diesem Stamm wird auch das auf san auslautende Supinum gebildet: z. B. biesan von biesun, *sterben,* adipsan von adipsun, *spielen,* cyxtesun von ryxtesun, *einstecken.*

§ 118. Ein zweites Supinum wird aus dem Conjunctivstamm durch 'Anfügung von ma gebildet, welches an das ossetische Casussuffix ma (mä), *zu, bei* (s. Sjögren, Oss. Sprachlehre, S. 54) erinnert und wohl auch in ema, *wie viel,* tema, *so viel* (§ 83) vorliegt; z. B. botama, *bis zur Sättigung,* eçama, *bis zum Kommen,* bakama, *bis zum Werden.*

§. 119. Das Particip der gegenwärtigen Zeit wird auf al gebildet, z. B. aqal von aqsun, *nehmen,* bal von besun, *machen,* dal von desun, eǵal, *kommen,* von esun, bakal von baksun, *werden.* Durch den Antritt von o werden die Participien der Gegenwart zu Substantiven erhoben (§ 35); tritt a an dieselben, so werden sie adjectivisch vor dem Nomen gebraucht.

§ 120. Das Particip der Vergangenheit lautet auf l aus; z. B. bi von besun, pi von pesun; eci und ari, *gekommen,* beidezu esun gehörig (§ 122), di zu desun. Die Declination richtet sich nach den Adjectiven.

§ 121. Die auf tan ausgehende Gerundialform beruht auf Entlehnung, z. B. lagatan, *im Gehen.*

§ 122. Das Passivum wird vermittelst des Verbums esun, *kommen,* gebildet, welches in diesem Falle das Particip der Vergangenheit eci hat; das Futur lautet eǵo und der Imperativ eǹe, dessen erstes e in Compositis ausfällt, z. B. lǹe; sonst hat es im Aorist ari, welches in gewissen zusammengesetzten Zeitwörtern in eri übergeht. Der Art sind: aizesun, *aufstehen,* Aor. aizeri, edxun, *führen,* Aor. eçeri, çesun, *hervorgehen,* Aor. çeri, latsun, *führen,* Aor. luteri, itxun (statt litesun), *laufen,* Aor. luteri, aber inei von iaisun, *gehen.*

§ 123. Die andern als zweites Glied der Composita gebräuchlichen Verba haben ebenfalls einige Unregelmässigkeiten: pesun, das einfach die Bedeutung *»sprechen«* hat, bekommt in den Zusammensetzungen die Bedeutung *»thun«,* welche vielleicht auch die ursprüngliche ist, denn der Imperativ upa zeigt noch, dass es wohl anfänglich ein Compositum apesun oder upsun gab, das jedoch sein Futurum von ukesun oder uksun, nämlich uko bildet; von demselben Verbum wird auch das Particip der Gegenwart ukal hergeleitet. Der Aorist lautet jedoch pi, ähnlich wie der Aorist von uksun, *essen,* Kai (Kaku, Kainu u. s. w.) und das Perfect le (Kexu u. s. w.), in der Mundart von Nidsh kexez, kexeu u. s. w.).

§ 124. Das Verbum bakxun, welches als einfaches Verbum im Präsens und Imperfect auch die Bedeutung *»können«* hat und dann mit dem Dativ construirt wird, hat eine ganz regelmässige Flexion.

§ 125. Vom Verbum *sein* existiren nur Praesens und Imperfect, nämlich bu und bui, die regelmässig flectirt werden: Sing. 1. buxu, 2. buuu, 3. bune. Pl. 1. bujan, 2. buuan, 3. buqun. Imperf. S. 1. buxui, 2. buuui, 3. bunei. Pl. 1. bujani, 2. buuani, 3. buquni.

§ 126. Dieses Verbum wird nur selten angewandt und gewöhnlich durch die Personalpronomina, die in verkürzter oder unverkürzter Gestalt an beliebige Wörter treten, ersetzt. Bei Handlungen der vergangenen Zeit tritt das Präteritsuffix wie auch sonst hinter das Pronomen; z. B. baba azarrunei, *der Vater war krank*; tumanei adamar, *es waren soviel Menschen*; tiunei, *er war dort*; eiar wi atuei, *wie deine Arbeit war.*

§ 127. Das Personalpronomen kann auch, falls es dem Verbum, zu welchem es gehört, vorangeschickt wird, die Präteritendung i zu sich herüberziehen und zwar findet dies nicht allein im Imperfect, sondern auch im Plusquamperfect statt; z. B. bullei qacexa, *der Kopf schmerzte*, statt bui qaeneaxai, buralluġallei tetu baᴋsa buganei, *und sie hatte Faulheit zu sehen*, statt banuᴋuai; anჳaguei cire, *kaum war sie hinabgekommen*, statt anჳag cirenei.

§ 128. Endlich ist noch die negative Conjugation zu besprechen; hauptsächlich wird sie bewerkstelligt, indem die Negation le, mit dem Personalpronomen verbunden, entweder dem Verbum voran- oder nachgestellt, drittens aber auch bei den Zusammensetzungen eingefügt wird; z. B. iez camexa, camexa lez, camlexexa, *ich schreibe nicht*; Aor. iez campi, *ich schrieb nicht*, Fut. I. iez camko, Fut. II. camkalleʑ, Opt. II. camkallexui; Praes. letubuqsa, *er muss nicht*, Fut. I. letubuqo, *er wird nicht müssen*, Fut. II. baᴋalleun, *er wird nicht können.* Der Infinitiv und die Participa haben dagegen die Negation aul, welche vorangestellt wird; z. B. aulcampesun, *nicht schreiben*, auiporlbesun, *Ungeduld haben*, auicampi, *ungeschrieben*, auloceci, *ungewaschen*, aulwąrąwurdbi, *unbemerkt*, aulcamkal, *nicht schreibend*, bei den Zusammensetzungen kommt sie jedoch auch in der Mitte und sogar am Ende vor; z. B. Fut. II. aulcamkalxa, Opt. II. aulcamkalxui, camuuikalxui, camkaluuxui, ჳaginuibi, *ungeändert.* Im Conjunctiv kommt zuweilen auch aui und zwar im Anfange vor; z. B. Praes. auicamkunu, Imperf. auicamkuxui; es scheint aber dabei dieProhibitivpartikel ma gebräuchlicher zu sein; z. B. maquabi, *dass er nicht mache*, mabaqobi, *dass sie nicht machen.* Der Imperativ hat dieselbe Prohibitivpartikel; z. B. ma campa, *schreibe nicht*, ma baᴋa, *werde nicht.* Der Conditional hat endlich die Negation na, welche mit der Conditionalpartikel gi vorangestellt oder eingefügt werden kann; z. B. nagizcampei *wenn ich nicht schreiben würde*, auch camnagiąpei. Es scheint auch eine Elision des g vorzukommen; z. B. nain baᴋo, *wenn er nicht sein wird*, statt nagin baᴋo, otbesiuntain, *wenn er nicht beschämt.*

§ 129. Zur leichteren Übersicht lassen wir die Paradigmen der Verba: besun, *machen*, pesun, *sagen* (§ 123), esun, *kommen*, taisun, *gehen*, uġsun, *trinken*, bixun, *liegen*, tintun, *laufen*, folgen, wobei wir das Personalpronomen, das dem Verbum voranzugehen pflegt (§ 173), fortlassen.

Indicativ.

Praesens.

S. 1. besazu	ezzu	ezsa	lazza	uzgeza	biziaza	tiziaza
2. besanu	ezuu	enua	lanza	ungesa	biniesa	tintesa
3. besame	ezue	enesa	lanesa	unegsa	binelesa	tinelesa
Pl. 1. besojan	ezjan	ejansa	lajansa	ujangesa	bijanlesa	lijantesa
2. besanan	ezaan	enansa	lanansa	unangesa	binanlesa	tinantesa
3. besaqun	ezqun	equnsa	laqunsa	uqungesa	biqunlesa	liquntesa

Imperfectum.

S. 1. besazui	ezzui	ezsai	lazsai	uzgesai	biziesai	tiztezai
2. besanui	ezoui	ensai	iansai	ungesai	binlesai	tintesai
3. besanei	eznei	enesai	ianesai	unegsai	binelesai	tinotesai
Pl. 1. besajuni	ezjuni	ejansai	iajansai	ujangesai	bijanlesai	lijantesai
2. besanuni	eznani	enansai	ianansai	unangesai	binanlesai	tinantesai
3. besaquni	ezquni	equnsai	iaqunsai	uqungesai	biquntesai	liquntesai

Aorist.

S. 1. bizu	þizu	arizu	lazci	uzgi	bizii	tizteri
2. bin	þin	arin	lanci	ungi	binii	tinteri
3. bine	þine	arine	ianeci	unegi	bineii	tineteri
Pl. 1. bijan	þijan	arijan	iajanci	ujangi	bijanii	lijantari
2. binan	þinan	arinan	iananci	unangi	binanii	tinantori
3. biqun	þiqun	ariqun	laqunci	uqungi	biqunii	liqunteri

Perfectum.

S. 1. bezu	þezu	arezu	iazce	uzge	bizie	tiztere
2. ben	þen	aren	iance	unge	binie	tintere
3. bene	þene	arene	lanece	unege	bineie	tinetere
Pl. 1. bejan	þejan	arejan	lajance	ujange	bijanie	lijantere
2. benan	þenan	arenan	ianance	unange	binanie	tinantere
3. bequn	þequn	arequn	laqunce	uqunge	biqunie	liquntere

Plusquamperfectum.

S. 1. bezui	þezui	arezui	lazcei	uzgei	biziei	tiztereі
2. benui	þenui	arenui	iancei	ungei	binlei	tinterei
3. benei	þenei	arenei	lanecei	unegei	binelei	tineterei
Pl. 1. bejani	þejani	arejani	iajancei	ujangei	bijanlei	lijanterei
2. benani	þenani	arenani	ianancei	unangei	binaniei	tinanterei
3. bequni	þequni	arequni	laquncei	uqungei	biqunlei	liqunterei

Futurum I.

S. 1. bozu	uzko	ezgo	lazgo	uzgo	bizio	lizio
2. bonu	unko	engo	ianko	ungo	binid	tinto
3. bone	uneko	enego	iannego	unego	bineio	tineto

Pl. 1. bojan	ujanko	ejango	iajanko	ujango	bijanto	tijanto
2. bonan	unanko	enango	lanango	unango	binanio	iinanto
3. bequn	uqunko	equngo	iaqungo	uqungo	biqunto	ilqunto

Futurum II.

S. 1. balru	ukalru	egalru	lagalru	ugalru	bilalru	tiialru
2. ballu	ukallu	egallu	iagallu	ugallo	bilallu	litallu
3. balle	ukalle	egalle	lagalle.	ugalle	bilalle	iitalle
Pl. 1. baljan	ukaljan	egaljan	iagaljan	ugaljan	bilajan	litaljan
2. ballan	ukallan	egallan	iagallan	ugallan	bilallan	litallan
3. balqun	ukalqun	egalqun	lagalqun	ugalqun	bilalqun	iitalqun

Conjunctiv.

Praesens.

S. 2. baz od. qaz	ukaz	egaz	lagaz	ugaz	bilaz	iitaz
2. ban » qan	ukan	egan	lagan	ugan	bitan	titan
3. bane » qan	ukane	egane	lagane	ugane	bilane	titane
Pl. 1. bajan » qajan	ukajan	egajan	lagajan	ugajan	bitajan	litajan
2. banan » qanan	ukanan	eganan	laganan	uganan	bilanan	iitanan
3. bequn » qaqun	ukaqun	egaqun	lagaqun	ugaqun	bilaqun	iitaqun

Imperfectum.

S. 1. bazui	ukazui	egazui	lagazui	ugazui	bilazui	litazui
2. banui	ukanui	ekanui	iagauui	ukanui	bilanui	iitanui
3. banei	ukanei	eganei	iaganei	uganei	bilanei	litanei
Pl. 1. bajani	ukajani	egajani	lagajani	ugajani	bilajani	litajani
2. banani	ukananai	egananai	iagananai	ukananai	bilananai	litananai
3. bequni	ukaqual	ekaquni	iagaquni	ugaquni	biuquni	litaquni

Optativ I.

S. 1. bozui	uzkoi	ezkoi	lazgoi	uzgoi	bizioi	tiztoi
2. bonui	unkoi	enkoi	iankoi	ungoi	binioi	lintoi
3. bonei	unekoi	enekoi	ianegoi	unegoi	binetoi	iinetoi
Pl. 1. bojani	ujankoi	ejankoi	injankoi	ujankoi	bijantoi	lijantoi
2. bonani	unankoi	enankoi	lanankoi	unankoi	binantoi	linantoi
3. bequni	uqunkoi	equngoi	laqungoi	uqungoi	biquntbi	liquntoi

Optativ II.

S. 1. balzui	ukalzui	egalzui	lagalzui	ugalzui	bilalrui	iitalrui
2. ballui	ukallui	egallui	iagallui	ugallui	bilallui	iitallui
3. ballei	ukallei	egallei	iagallei	ugallei	bilallei	tiiallei
Pl. 1. baljeni	ukaljani	egaljani	iagaljani	ugaljani	bilaljani	litaljani
2. ballani	ukallani	egallani	lagallani	ugallani	bilallani	iitallani
3. balquni	ukalquni	egalquni	lagalquni	ugalquni	bilalquni	litalquni

Imperativus.

S. 2. ba	upa	eke	lake	uga	bila	ita
Pl. 2. banan	upanan	ekanan	lakanan	uganan	bilanan	itanan

Infinitivus.

besun	pesun	esun	laisun	ugsun	bislun	tistun

Conditionalis.

S. 1. giz							
2. gin							
3. gin							
Pl. 1. gijan } bei	—pei	—arei	—lacei	—ugei	—bilei	—literei
2. ginan							
3. giqun							

Participium.

Praes. bal	ukal	egal	lagal	.	ugal	bilal	tital
Praet. bi	pi	ari	laci		ugi	biti	itteri

§ 129*. campesun, *schreiben*, kalpesun, *lesen*, gurdesun, *vernichten*, kalpostesun, *lesen lassen.*

Indicativus.

Praesens.

S. 1. camzuexa	kalzuexat	gurzudexa	kalpexzuxta
2. camnuexa	kalluexa .	gurrudexa	kalpexnuxta
3. camnexa	kallexa	gurredexa	kalpexnexta
Pl. 1. camjanexa	kaljanexa	gurjandexa	kalpexjandexa
2. camnanexa	kallanexa	gurrandexa	kalpexnandexa
3. camqunexa	kalqunexa	gurqundexa	kalpexqundexa

Imperfectum.

S. 1. camzuexai	kalzuexai	gurrudexai	kalpexzuxtai
2. camnuexai	kalluexai	gurrudexai	kalpexnuxtai
3. camnexai	kallexai	gurredexai	kalpexnextai
Pl. 1. camjanexai	kaljanexai	gurjandexai	kalpexjandexai
2. camnanexai·	kallanexai	gurrandexai	kalpexnandexai
3. camqunexai	kalqunexai	gurqundexai	kalpexqundexai

Aorist.

S. 1. camzupi	kalzupi	gurzudi	kalpexzudi
2. camnupi	kallupi	gurrudi	kalpexnudi
3. camnepi	kallepi	gurredi	kalpexnedi
Pl. 1. camjanpi	kaljanpi	gurjandi	kalpexjandi
2. camnanpi	kallanpi	gurrandi	kalpexnandi
3. camqunpi	kalqunpi	gurqundi	kalpexqundi

Perfectum.

S. 1. eamzupe	kalzupe	gurzude	kalpeszude
2. camnupe	kallupe	gurrude	kalpesnude
3. camnepe	kallepe	gurrede	kalpesnede
Pl. 1. camjanpe	kaljanpe	gurjande	kalpesjande
2. camnanpe	kallanpe	gurrande	kalpesnande
3. eamquape	kalquape	gurqunde	kalpesqunde

Plusquamperfectum.

S. 1. camzupei	kalzupei	gurzudei	kalpeszudei
2. camnupei	kallupei	gurrudei	kalpesnudei
3. camnepei	kallepei	gurredei	kalpesnedei
Pl. 1. camjanpei	kaljanpei	gurjandei	kalpesjandei
2. camnanpei	kallanpei	gurrandei	kalpesnandei
3. camquapei	kalquapei	gurqundei	kalpesqundei

Futurum I.

S. 1. camzuko	kalzuko	gurrudo	kalpeszudo
2. camnuko	kalluko	gurrudo	kalpesnudo
3. camneko	kalleko	gurredo	kalpesnedo
Pl. 1. camjanko	kaljanko	gurjando	kalpesjando
2. camnanko	kallanko	gurrando	kalpesnando
3. camqunko	kalqunko	gurqundo	kalpesqundo

Futurum II.

S. 1. camkalzu	kalkalzu	gurdalzu	kalpestalzu
2. camkallu	kalkallu	gurdallu	kalpestallu
3. camkalle	kalkalle	gurdalle	kalpestalle
Pl. 1. camkaljan	kalkaljan	gurdaljan	kalpestaljan
2. camkallan	kalkallan	gurdallan	kalpestallan
3. camkalqun	kalkalqun	gurdalqun	kalpestalqun

Conjunctiv.

Praesens.

S. 1. camkaz	kalkaz	gurdaz	kalpestaz
2. camkan	kalkan	gurdan	kalpestan
3. camkane	kalkane	gurdane	kalpestane
Pl. 1. camkajan	kalkajan	gurdajan	kalpestajan
2. camkanan	kalkanan	gurdanan	kalpestanan
3. camkaqun	kalkaqun	gurdaqun	kalpestaqun

Imperfectum.

S.	1. camkazui	kalkazui	gurdazui	kalpestazui
	2. camkanui	kalkanui	gurdanui	kalpestanui
	3. camkanei	kalkanei	gurdanei	kalpestanei
Pl.	1. camkajani	kalkajani	gurdajani	kalpestajani
	2. camkanani	kalkanani	gurdanani	kalpestananni
	3. camkaquni	kalkaquni	gurdaquni	kalpestaquni

Optativus I.

S.	1. camrukoi	kalzukoi	gurzudoi	kalpeszudoi
	2. camnukoi	kallukoi	gurrudoi	kalpesnudoi
	3. camnekoi	kallekoi	gurredoi	kalpesnedoi
Pl.	1. camjankoi	kaljankoi	gurjandoi	kalpesjandoi
	2. camnankoi	kallankoi	gurrandoi	kalpesnandoi
	3. camqunkoi	kalqunkoi	gurqundoi	kalpesqundoi

Optativus II.

S.	1. camkalzui	kalkalzui	gurdalzui	kalpestalzui
	2. camkallui	kalkallui	gurdallui	kalpestallui
	3. camkallei	kalkallei	gurdallei	kalpestallei
Pl.	1. camkaljani	kalkaljani	gurdaljani	kalpestaljani
	2. camkallani	kalkallani	gurdallani	kalpestallani
	3. camkalquni	kalkalquni	gurdalquni	kalpestalquni

Conditionalis.

S.	1. giz campei	giz kalpei	giz gurdei	giz kalpestei
	2. gin campei	gin kalpei	gin »	gin »
	3. gin campei	gin kalpei	gin »	gin »
Pl.	1. gijan campei	gijan kalpei	gijan »	gijan »
	2. ginan campei	ginan kalpei	ginan »	ginan »
	3. giqun campei	giqun kalpei	giqun »	giqun »

Imperativus.

S.	2. campa	kalpa	gurda	kalpesta
Pl.	2. campanan	kalpanan	gurdanan	kalpestanan

Infinitivus.

campesun	kalpesun	gurdesun	kalpestesun

Participium.

Präs.	camkal	kalkal	gurdal	kalpestal
Prät.	campi	kalpi	gurdi	kalpesti

§ 130. Conjugation eines den Dativ der Person erfordernden Verbums buqsun, müssen, lieben (§§ 157 und 78).

	Präsens.	Imperfectum.	Aorist.	Perfectum.	Plusquamperf.
S. 1.	buzaqsa	buzaqsai	buzaqi	buzaqo	buzaqei
2.	buwaqsa	buwaqsai	buwaqi	buwaqo	buwaqei
3.	butuqsa	butuqsai	butuqi	butuqe	butuqei
Pl. 1.	bajaqsa	bajaqsai	bajaqi	bajaqe	bajaqei
2.	buwaqsa	buwaqsai	buwaqi	buwaqe	buwaqei
3.	buqoqsa	buqoqsai	buqoqi	buqoqe	buqoqei

	Futurum I.	Futurum II.	Conjunctiv. Präsens.		Conj. Imperf.
S. 1.	buqoza •	buqaiza	buqaza od. qaza		boqazai
2.	buqowa	buqalwa	buqawa » qawa		buqawai
3.	buqotu	buqaltu	buqatu » qatu	buqi	buqatui
Pl. 1.	buqoja	buqalja	buqaja » qaja		buqajai
2.	buqowa	buqalwa	buqawa » qawa		buqawai
3.	buqoqo	buqalqo	buqaqo » qaqo		buqaqoi

	Optat. I.	Optat. II.	Conditionalis.		Imperativ.
S. 1.	buzaqoi	buqaizai	bugizaqei od. giza		S. 2. buqawaqi
2.	buwaqoi	buqalwal	bugiwaqei » giwa		Pl. 2. buqawaqi
3.	butuqoi	buqaltui	bagituqei » gitu	buqei	
Pl. 1.	bajaqoi	buqaljai	bugijaqei » gija		Infinitiv.
2.	buwaqoi	buqalwai	bugiwaqei » giwa		
3.	buqoqoi	buqalqoi	bagiqoqei » giqo		buqsun

§ 131. Paradigmen der Hauptformen eines passiven Verbums: buqesun, geliebt werden, kalesun, gelesen werden.

	Präsens.		Futurum I.	
S. 1.	buqzuesa	kalzuesa	buqzuego	kalzuego
2.	buqnuesa	kallnesa	buqnuego	kallnego
3.	buqnesa	kallesa	boqnego	kallego
Pl 1.	buqjanesa	kaljanesa	buqjanego	kaljanego
2.	buqnanesa	kallnanesa	boqnanego	kallnanego
3.	buqqunesa	kalqunesa	buqqunego	kalqunego

	Aorist.		Futurum II.	
S. 1.	buqzueci	kalzueci	buqegalzu	kalegalzu
2.	buqnueci	kallueci	buqegallu	kalegallu
3.	buqneci	kalleci	bnqegalle	kalegalle
Pl. 1.	buqjaneci	kaljaneci	boqegaljan	kalegaljan
2.	buqnaneci	kallnaneci	buqegallau	kalegallan
3.	buqquneci	kalquneci	buqegalqun	kalegalqun

Conjunctiv. Präsens. *Optativ I.*

S.	1.	buqeǧaz	kaleǧaz	buqzueǧoi	kalzueǧoi
	2.	buqeǧan	kaleǧan	buqnueǧol	kalnueǧoi
	3.	buqeǧane	kaleǧane	buqneǧoi	kalleǧoi
Pl.	1.	buqeǧajan	kaleǧajan	buqjaneǧoi	kaljaneǧoi
	2.	buqeǧanan	kaleǧanan	buqnaneǧoi	kallaneǧoi
	3.	buqeǧaqun	kaleǧaqun	buqqunaǧoi	kalqunaǧoi

Imperativ.

S. 2. buqeǧe   kaleǧe
Pl. 2. buqeǧenan kaleǧenan

§ 132. Als Paradigma der negativen Conjugation lasse ich aulcampesun, *nicht schreiben,* folgen.

Indicativus.

Präsens.

S.	1.	iez	oder	camiezeza	oder	camezazez
	2.	ien		camieneza		camezaien
	3.	iene	cameza	camieneeza		camezaiene
Pl.	1.	iejan		camiejaneza		camezalejan
	2.	ienan		camienaneza		camezaienan
	3.	iequn		camiequneza		camezaiequn

Imperfectum.

S. 1. iez camezai   camiezezai
u. s. w.   u. s. w.

Aorist.

S.	1.	iez campi	camiezpi	campiiez
	2.	ien campi	camienpi	campiien
	3.	iene campi	camiezepi	campiiene
		u. s. w.	u. s. w.	u. s. w.

Perfectum.

S. 1. iez campe   camiezpei
u. s. w.   u. s. w.

Plusquamperfectum.

S. 1. iez campei   camiezpei
u. s. w.   u...s. w.

Futurum I.

S. 1. iez camko   camtezko   camkoiez
u. s. w.   u. s. w.   u. s. w.

Futurum II.

S. 1. auicamkalzu   camnuikalzu   camkalauizu
   u. s. w.   u. s. w.   u. s. w.

Conjunctivus.

Präsens.

S. 1. auicamkaz   camnuikaz

Imperfectum.

S. 1. auicamkazui   camnuikazui

Optativus I.

S. 1. iez camkoi   camiezkoi
   u. s. w.   u. s. w.

Optativus II.

S. 1. auicamkalzui   camnuikalzui

Conditionalis.

S. 1. aagiz   ⎫
   2. aagin   ⎬ campei   camnagizpei
   3. aagin   ⎭   camnaginpei
   u. s. w.   u. s. w.

Imperativ.

S. 2. ma campa
Pl. 2. ma campanau

§ 133. In adverbialer Bedeutung können die einzelnen Nomina im Instructiv gebraucht werden; z. B. muqluꝗen, voll Freude, mailuꝗen, voll Verwunderung, muqalieu, vorsichtig (§ 158).

§ 134. Ortsadverbia: ma, ico, wohin, mal, woher, mia, hier, meleirik, bis hieher, melin, von hier, tia, dort, telin, von dort, taga maꝗa, hierhin und dorthin, telia melin, von hier und von dort, kua, zu Hause, nach Hause, iꝗa, nah; azil, fern, azilazo, von fern, toꝗol. neben, cobaco, entgegen, gegenüber, toꝗozo, vorüber, beꝗ, vorn, qos, hinten, qosta, von hinten, boꝗ, innen, bosta, von innen, tot, ausserhalb, tostau, von aussen, ala, oben, oꝗa, unten, bargala, überall, makalaui, makalia, nirgends, makalazoia, nirgendsher, ꝗok, ausser, ꝗokꝗok, besonders, bipeo, ringsum.

§ 135. Zeitadverbia: ewazi, wann, tewazi, dann, isa, jetzt, haira, gerade jetzt, meleirik, bisher, teleirik, bisdann, oꝗa, darauf, waziwazi, bisweilen, tesahaita, sogleich, dam, längst, damnazo, beꝗazo, seit lange, ꝗokꝗi, bar, vor kurzem, syz, oft, saqarꝗl,hamaꝗa, immer, salie, niemals, damurꝗia, damdom, früh Morgens, damdamun, Morgens, biaun, Abends, ꝗeoazuu. bei Tage, isoua, Nachts, bilazärün, Mittags, ꝗe, heute, aaine, gestern, baꝗena, vorgestern, bagargena, ehevorgestern, akuça, damnun, *morgen*, samoßena, *übermorgen*, samoßardą, *überübermorgen*, purao, sakial, *nochmals*, bala, *noch*, uain, *bald*, birdän, *plötzlich*, gäh-gäh, *bald-bald*, bežun, *früher, vorker*, genazo genaz, *täglich*, zazizo zaziz, *monatlich*, ßamazizo ßamaziz, *wöchentlich*, uzenazo uzenaz, *jährlich*, yżena, *im Winter*, zoğulaz, *im Sommer*, faizazo, *seit dem Herbst*.

§ 136. Adverbia der Quantität und Qualität, Art und Weise oder Ursache: ema, *wieviel*, zema, *soviel*, mema, *soviel gerade*, mal, *ein wenig*, saki, *ein bischen*, basta, *genug*, ingän, laß, *sehr*, nüßä, *umsonst*, anżaß, *kaum*, anżaß ie, *kaum*, or, *als, wie*, maçu, *wie*, eiąr, elaria, *auf welche Weise*, kor, so, zor, *also*, meiąr, *auf diese Weise*, mer, bakor, *also*, za iąhąr, *irgendwie*, bator, *also*, telgar, *auf gute Weise*, korgar, *gleichfalls*, und viele auf gar ausgehende: maçukalie, *auf keine Weise*, kena, *gleichwie*, auch -ke enklitisch: lari, larike, *gleich*, uahaz, *vergebens*, zerueri, *in der That, wirklich*; ekaluza, oßa, ete, *weshalb*, etenk, kuzu, ßete, ßetenk, *deshalb*.

§ 137. Mehrere der genannten Adverbia haben eine postpositionale Natur und regieren dann meist den Genitiv, namentlich boß, *in*, qoß, *hinter*, qoßan, *von hinten her*, toß, *ausser*, baxtin, *wegen*, toğoļ, *bei, neben*, qali, *zwischen*, qalizo, *durch*, lazo, *auf*, oqa, *unten*, oqazo, *von unten her*, beß, *vor*, einige jedoch den Ablativ: ǯok, *ausser*, oßa, *nach*, toğozo, *vorbei*.

§ 138. Wahrhafte Präpositionen kommen nur in Zusammensetzungen mit Zeitwörtern vor, namentlich: la, ba, la, beß, vergl. §§ 93, 96.

§ 139. Von Conjunctiven sind zu nennen: ama, genß, *aber*, le, *dass*, ma, *dass nicht*, zaie, *unter der Bedingung*, or, *da, wie, als*, elar-zor, *wie-so*, orle-ene, *wie-so*, ßete, *denn*, ßete ie, *weil*, ßorie, or ukan, *gleich als wenn*, ägär, *wenn*, ßuaki, *weil*, ja, *oder*, das conditionale gi (§ 114).

§ 140. Eine besondere Beachtung verdienen die beiden enklitischen Conjunctionen al (ąl § 11) und qan, welche beide zur Anreihung dienen und dann noch die Fragepartikel a. Ganze Sätze werden durch ·al, *und*, verbunden, dieses -al kann an die verschiedenen Casus der Substantiva, hinter Adjectiva und Adverbia treten, beim Verbum aber findet es seine Stelle zwischen dem Verbalstamm und dem Pronomen, beim zusammengesetzten Verbum aber zwischen dem ersten Bestandtheil und dem Pronomen, in welchem Fall das auslautende a des nachfolgenden Pronomens dem l assimilirt wird (§ 24); z. B. muzuzal, *und den Schwiegersohn*, jaqalal, *und längs des Weges*, zual, *und ich*, jaal, *und uns*, usinal, *und bald*, toğolal, *und neben*, zoral, *und so*, miaal, *und hier*, oneallexa, *und er weint* (oneoeza), lalledi, *und er streichelte* (lanedi), ßlalle, *und er sagte* (ßine), ßialleteri, *und er lief* (ßineteri); zoißalqunbezai, *und sie baten* (zoißqunbezai), ßialqueteri, *und sie liefen* (ßiquateri), butalqunako, *und sie werden bedecken* (butqunako).

§ 141. Durch -qan, *und*, werden zwei Nomina verbunden; z. B. babaqan nana, *Vater und Mutter*, kinbaloqan iazalo, *der Arbeiter und der Faule*, karizzuaqan qulluğbezun, *Leben und Dienen*, equaxqan ßalinaz (Affect.), *Fleisch und Fische*, Wariazzeuunqan Nituai (Genit.), *Wartaachen's und Nidsh's*, ßaļqazzaqan qari tulea, *mit Zucker und trockenen Weintrauben*; unqan zu, *du und ich*.

§ 142. Die Fragepartikel a kann an alle mögliche Wörter treten; z. B. e beinga, *was für ein Fest!* ema gia, *wie viel Tage*, izabakoa, *wird es nicht möglich sein?* balik kor iza, *vielleicht nicht so? eg̣oa, wird er kommen! ewaxta, wdnn, zu welcher Zeit, ewaxt tel bakala? wann wird er gesund (eig. gut) sein?* Das Präteritaffix i tritt hinter die Fragepartikel; z. B. *adamar gö̆löal, waren viel Menschen?* Beim unbestimmten Futurum fällt das Personalaffix der dritten Person weg; z. B. **Kala g̣irax ewaxt bakala, wann werden die grossen Fasten sein?** Vergl. auch § 182.

§ 143. Zu den Interjectionen gehören a, o! ai, ach! o' oh! ho, ja, pol, nun, ai' ha' aha' xo; tig̣i, *sieh da*, mig̣i, *sieh hier*.

§ 144. In Bezug auf die Congruenz ist zu bemerken, dass bei leblosen Gegenständen das Personalaffix der dritten Person ae bei Plural angewendet werden kann; z. B. buxarne, *Eisstücke sind*, kular aqenalla çuroei, *und die Hände erstarrrten*; oreinauxae ba, *es sind Quellen*.

§ 145. Das Zahlwort erfordert keine Mehrheitsbezeichnung am Nomen, sondern begnügt sich mit dem Singular; z. B. muk̇ g̣i, *acht Tage*, wok̇ tamat, *sieben Wochen*, p̣ak̇ärän, *zweimal*, wiç adamarxul, *mit zehn Menschen*; dasselbe ist auch hin und wieder mit dem Prädicat der Fall; z. B. p̣a gergeenebu, *es sind zwei Kirchen*, bip ajelle ba, *vier Kinder waren;* man findet aber auch p̣a xla3rquo Karxesai, *zwei Mädchen lebten.*

§ 146. In demselben Falle sind andere Wörter, welche eine Quantität ausdrücken, z. B. gölö, *viel*, ema, *wie viel*, toma, moma, *so viel*, gölö g̣i, *viele Tage*, temanei adamar, *es waren so viel Menschen*, xa ema tamat, *einige Wochen*; mit Berücksichtigung von § 144 wird man sich gölö oreinauxne ba, *es sind viele Quellen*, erklären können. Biiaa, *all*, hat prädicativ den Plural nach sich: biiua buquai, *alle waren.*

§ 147. Attributiv gebrauchte Adjectiva, welche dem Nomen vorangehen, bleiben von Numerus und Casusbezeichnung unberührt; z. B. Kala xuaċai, *der älteren Schwester*, gölö aitpexuaaxo, *von dem vielen Sprechen*, kala g̣irg̣ox, *in den grossen Fasten*, fug̣ara adamarg̣oa, *durch die armen Menschen*, main lalakaoux, *die schwarzen Schuhe* (Affect.)

§ 148. Der Genitiv des Besitzes tritt eigenthümlich beim Verbum *sein* auf: Burowaa bip ajelle bui, *Burow hatte vier Kinder*, eig. *Burow's waren vier Kinder*; tetug̣ol xa pis-baqoba, *sie haben einen bösen Hund*, in welchem Beispiel noch das Dativsuffix der dritten Person des Plurals (§ 78) zu beachten ist; es wäre der Genitiv zu erwarten gewesen wie in xaqaral iai bawa tabu, *es hat immer frische Luft* (wo xa aus iai verkürzt ist, s. § 58), seta babai uçe tat totabu, *ihr Vater hat keine Biene;* tia e xa tabu; *qua hat er dort für eine Sache*, xa naitabaku, *wenn er keine Sache haben würde*, qaekala ga ekatai, *welche Stelle hatte er schmerzhaft*, har ga qaetxexai, *jede Stelle schmerzte ihm*, qeirixa xerbitux Kai, *das von andern gemachte exxmul*

§ 149. Der Genitiv tritt auf bei Zeitbestimmungen: biaxun, *Abends*, ixoun, *Nachts*, damnun, *morgen*, te xahatin, *sofort*, bega waxtin, *zur Zeit der Dämmerung*, wog̣uaeunn waxtin, *zur Zeit von acht Jahren.*

§ 150. Bei Stoffwörtern vertritt der Genitiv die Stelle von Adjectiven: oquaaa kaçoli, *Essiggurken*, éaxnai duk̇an, *Eisbank*, quxulun exur, *goldene Äpfel.*

§ 151. Hieran schliesst sich der Gebrauch des Genitivs zur Bildung von Ordnungszahlen (§ 69).

§ 152. Die Postpositionen, welche den Genitiv fordern, sind: bot, in, togol, bei, zu, qaii, zwischen, während, qaiixo, durch, baxtin, wegen, togoxo, vorbei, gala, statt, tot, ausserhalb, laxo, auf, oqa, unten, oqaxo, von unten her, oxaxo, von hinten her, bet, vor, bipeo, ringsum, teco, jenseits; z. B. koźin (koźe) bot, im Hause, paKна bot, im Garten, kugo bot, unter sich, dammun bot, in die Schürze, xene kurru bot, im Brunnen, wi togol, bei dir, qonáin togol, zum Nachbar, meta qaii, unterdessen, zoğulun qaii, während des Sommers, ssen qaiixo, durch den Sand, dukanun laxo, auf der Bank, xodin laxo, auf dem Baum, tallai laxo, auf dem Zaum, biluota laxo, über alles (§ 8), qultuguz oqa, unter die Achselhöhle, tela bet, vor ihm, tela qostan, hinter ihm, bet qostan, hinter mir, eKurgol baxtin, der Pferde wegen, koźin baxtin, für das Haus, tenebeki iaral totugo togoxo, es ging die Faule an ihm vorüber; bilalun gala, statt der Decke, bilalun oqaxo, unter der Decke her, tetugoi bipeo, um sie herum, koźin teco, jenseits des Hauses.

§ 153. Der Dativ erscheint nicht allein bei Zeitwörtern des Gebens, sondern auch bei Zeitwörtern der Bewegung nach einem Orte; z. B. za tun lada, gieb mir Brot; tono iacine xene Kurru, er ging zum Brunnen, ianeci asbarzanina, sie ging in die Küche, gergeen iagalxu, ich will in die Kirche gehen; buxarika aruxne saKsai, sie that Feuer in den Ofen, bot kuaqan ari, dass er in unser Haus komme, freilich sagt man auch: el kua tu bu? wer ist in euerem Hause?

§ 154. Wohl auch aus der Bedeutung der Richtung nach einem Ziele lässt sich der Dativ bei Zeitbestimmungen erklären; waxtu, zur Zeit, io waxtu, zu rechter Zeit, za waxtu zu einer und derselben Zeit, paxamat ginane baixa, tamatginane eixarxesa, am Montag geht er an, am Sonntag endigt er.

§ 155. Hierin reiht sich ganz, zur Stelle, d. h. zu Statten, z. B. gauune baKo, es wird zu Statten kommen, gauun pinn, richtig sagtest du.

§ 156. Ferner findet man den Dativ bei den Zeitwörtern des Sehens, Hörens, Wissens: iexaaKi, ich sah nicht, awaKo, du wirst sehen, Kinbaltual atuKi, und die Arbeiterin sah, za ibaKexa, ich habe gehört, wa qawa ibaKi, dass du hörest, itu abawaKo, du wirst selbst wissen, iexa aba, ich weiss nicht; letzteres Verbum hat jedoch bisweilen den Affectiv (§ 158); z. B. wa awwax (statt abawax), du weisst, za abaxax, ich weiss, aber ababaKexalledi iaralla, und er erinnerte die Faule, eig. liess sie wissen.

§. 157. Auch die Zeitwörter des Kommens, Wollens, Müssens, Liebens, Fürchtens und Schämens werden mit dem Dativ verbunden: za eesbaKal iexa, ich werde nicht kommen können, arcesbatuKxa, er kann sitzen, agär baKaitu, wenn er kann; buxoqxa, ich will, buwoqxa, du willst, tetu buluqxai, sie wollte, tetugo buqoqxai, sie wollten; eiuxowa qybaa, woron fürchtest du, ma qawaqrbi, fürchte nicht.

§ 158. Der Affectiv vertritt die Stelle des Accusativs anderer Sprachen, tritt aber auch bei einigen Zeitwörtern auf, bei denen wir ihn nicht erwarten würden; z. B. bei einigen zusammengesetzten, deren zweites Glied ipsun ist, welches Zeitwort in der Bedeutung sagen ebenfalls den Affectiv erfordert. Beispiele: wieimugox girba, versammle die Brüder, wi jaqax xo beźi, ich sah deinen Weg, tetin kuax tosambexai, sie kehrte das Haus, tin xax iarminaxo aueqo, wer wird mich aus dem Ofen nehmen; xäugoux dugequn, sie haben die Glocke *geläutet*; uþa иах, *sage mir*, kalþa иисе çiax, *rufe den Namen der Schwester.* Auch kommt der Affectiv bei Zeitwörtern vor, welche mit dem Dativ construirt werden; z. B. ви qawa ibaЋi мо kiçko аilуп иамахах, *dass du das Gebet dieses kleinen Kindes erhörest*; хи аba иах', *ich weiss*, ви аwwax, *du weisst* (§ 156).

§ 159. Wenn wir in vielen Fällen, wo wir den Affectiv erwartet hätten, ihn nicht finden, so können wir dies theils durch analoge Erscheinungen anderer Sprachen erklären; z. B. beim Imperativ, wo jene den Indefinitiv haben; z. B. хи þуm lada, *gieb mir Brot*, dщng-lug ma ba, *begehe keine Dummheit.* Von vorn herein tritt der reine Stamm in Zusammensetzungen auf, wie deren § 95 namhaft gemacht worden sind: z. B. uhiasun, *erfreuen* (eig. *Herz geben*), imuxlaxun, *aufmerken*, хoqalbesun, *zählen*, aiþosun, *sprechen*, aruxuaЋsun, *heisen*, óubuxaqun, *heirathen.* Dann findet dasselbe auch vor dem enklitischen Personalpronomen sowie vor enklitischen Partikeln statt; z. B. þуmqun uЋsa, *sie essen Brot*, иа sonk pirogeu çeri, *du brachtest mir den Pirog (Kuchen)*, þуmau bado, *du wirst Brot backen*, gam KürЋqun laexa, *sie ziehen einen warmen Pelz an*, çхinal ixado, *ich werde auch Butter geben*, qoqiЋuluçuxau aqo, *du wirst Fünfkopekenstücke erhalten.*

§ 160. Für die Bewegung von einem Orte her, zur Bezeichnung der Ursache wird der Ablativ angewandt; z. B. gonuxo aixesun, *vom Lager aufstehen*, хи bez kuaxox em, *ich komme aus meinem Hause*, bexo iursl cirik, *vom Kopf bis zum Fuss*, jaquxo, *vom Wege aus*, ewaxuxo, *seit wann*, xamatixo xamatlx, *von Woche zu Woche*, bex Ћexo ciuxxal len, *aus meinen Händen wirst du nicht loskommen*, waxo bexal lex, *ich werde von dir nicht bitten*, etuxo ви qybau, *woher (wovon) fürchtest du*, teluxo, *daher*, aus dieser Ursache, gölö aiþosuaaxo bulle qaçoxa, *von dem vielen Sprechen schmerzt der Kopf.*

§ 161. Der Ablativ wird auch bei Vergleichungen gebraucht; z. B. biluxuxo abux, *mehr als alles.*

§ 162. Nachfolgende Postpositionen erheischen ebenfalls den Ablativ; çþa, *nach*, ţok, *ausser*, beţ, *vor*; z. B. arituxo çþa, *nach dem Kommen*, иema waxluxo çþa, *nach einiger Zeit*, muçaxaqaxo ţok, *ausser der Milch*, separosuaxo beţ, *vor dem Schlafengehen.*

§ 163. Über den Comitativ, dessen Bedeutung sich aus seinem Namen ergiebt, ist nicht viel zu bemerken; über seine Anwendung belehren folgende Beispiele: waxol iala, *nimm mit dir*, etuxol хи þуm uЋalxu, *womit soll ich das Brot essen?* aka seluxol baneЋel? *was war mit ihr geschehen?* Ћinbaltuxol xalaua lamandi, *mit der Arbeiterin traf sich ein Unglück;* bei dem Zeitworte lamandesun finden wir übrigens auch den Terminativ.

§ 164. Der Terminativ, welcher, wie oben (§ 55) vermuthet wurde, ursprünglich ein Prosecutiv war, drückt jetzt gewöhnlich eine Richtung bis zu einem Gegenstande aus, jedoch fehlt es nicht an Fällen, in denen die ursprüngliche Natur desselben zu erkennen ist; z. B. muxonal eqelle dugax, *und der Wind schlägt in's Gesicht*, harxa bel bulleki koia, *auf den Kopf eines Jeden deckte er eine Mütze;* barialle qealal, *und es ergoss sich auf die Erde*, waxtal, *zur Zeit*, þana lamandl xal, *ein Hund stiess auf mich;* häufig wird dabei die Postposition cirik, welche vom Verbum, cixun, *gelangen*, stammt, angewandt; z. B. tono beseþl gural cirik, *sie*

gelangte bis zum Sohne, biasimal cirik, *bis zum Abend*, uȥ aahalal cirik, *bis sechs Uhr*, ewaxial cirik, *bis zu welcher Zeit*, iurel cirik, *bis zum Fusse*. An den Prosecutiv erinnern folgende Fälle:
aa bäbgä bui ió amel enoóéa, *eine Tasche voll trägt er auf seiner Schulter;* ȥoȥamal jaqalru mandi,
Donnerstag blieb ich unterwegs, jaqal akal maqan baki, *damit unterwegs nichts geschehe.*

§ 165. Der Allativ wird bei Zeitwörtern, welche eine Richtung nach einem Ziele ausdrücken, gebraucht; z. B. ȥoоо ȥupueþi stolaȥ, *sie hüpfte zum Tisch*, arallocо päuȥäriaaȥ, *und sie
wird sich zum Fenster setzen*, iȥaae arl xoddaȥ, *er näherte sich dem Baume*, tor аotuȥ dǎmǎȥuǎ
bot bariqua, *so fielen sie zu ihr in die Schärze*, kalloci Kalabaltuȥ, *und sie ging zur Wärterin*,
gülö za buqi ȥaȥ beganal, *ich wollte sehr, dass sie auf mich schaute.*

§ 166. In mancher Beziehung mit dem Comitativ verwandt ist der Instructiv, welcher
in einigen Fällen eine Begleitung oder begleitende Umstände, theils auch ein Versehensein
mit etwas ausdrückt, hauptsächlich aber auch Activus ist, d. h. den eigentlichen Urheber der
Handlung angiebt und dann auch das Mittel bezeichnet, durch welches eine Handlung bewerkstelligt wird; z. B. boȥen xatnemal, *die Sonne erleuchtete*, léenae baxirbel, *er selbst hatte bereitet*, matenal eȥelle dugaa, *und der Wind schlägt in's Gesicht*, ȥaen surukmabi lekerax, *an dem
Strick king sie das Gefäss auf*, xodiu lumen jan ukeatejax, *durch die Wurzel des Baumes haben
wir uns genährt*, þa arru xodde bu tel tawai jemitormoȥoa, *es waren zwei Birnbäume mit sehr schönen Früchten*, leker çil Kümärȥoa, *ein Gefäss mit glühenden Kohlen*, etenkau ytaaa jaqarru-
ȥoa ȥarra, *weshalb läufst du im Winter durch die Gassen?* qyen aotuȥen iéuȥoi bip eo bequaȥeaai,
mit Furcht schauten sie rings um sich, Annuakaa auiporibesunoa xabarraaquai, *Annuschka fragte
mit Ungeduld*, aono ȥarden aotuȥoxo iaueci, *er ging voll Ärger von ihnen fort*, aa adamar çien Zinowi, *ein Mensch Namens Zenobius*, laxne bilun þeaaben, *es liegt alles in Ordnung.* An diesen
adverbialen Gebrauch (vergl. § 133) knüpft sich die Verwendung des Instructivs in adjecti-
vischer Bedeutung; z. B. ȥenen girux, *Tagesfasten.*

§ 167. In dem Causativ waltet der Begriff *für*, *wegen* vor; z. B. un xenk pirogun çeri,
du brachtest für mich einen Pirog, wenkne ȥel, *es ist für dich gut*, xenk waxtle mandaklȯg aqsun,
für mich ist es Zeit auszuruhen, babax þen xenk koin aqanel, *hast du dem Vater gesagt, dass er
mir eine Mütze kaufe*, Paraȥan laaedi ȥetux Maȥineak, *Parascha gab es der Muscha*, un elenkau are,
weshalb bist du gekommen, Kaȥenk, *deshalb*, Ixbaȥteauneak, *zum Andenken*, Kiubesuneak ekaqua
aqaa, *was sie für die Arbeit erhalten.*

§ 168. Der auf iþ ausgehende Locativ bezeichnet nach Analogie mehrerer kaukasischer Sprachen sowohl ein Befinden an einem Orte als auch eine Bewegung nach einem
Orte; meist finden wir ihn jedoch durch Postpositionen ersetzt. Beispiele: dunianiþ besali bu,
in der Welt giebt es Bettler, xaiiþ ien barexa, *du lässt nicht an's Licht*, þaklþ, *im Garten*, buzaqaa
çalagiþ lagax uȥenk, *ich will wegen Holz in den Wald gehen.*

§ 169. Der Adessiv, welcher meist durch die Postposition tоȥol, *bei*, ersetzt wird, ist
mir nur beim Pronomen vorgekommen; z. B. bo xaȥta, *ist bei mir*, jaxta ȥaix geoenk längä mallo,
bei uns ist auf den Feiertag wenig Geld.

§ 170. Da die Sprache keinen Comparativ bildet, kann sie Vergleichungen minder bestimmt anstellen; z. B. me oʒ sa werstkesa ja gölö ja kiçi enesa saganu, *dieser Fluss geht ungefähr eine Werst mehr oder weniger zusammen* (buchstäblich *viel oder wenig*). Wörter, wie abaz, *überflüssig*, tel, *gut*, sehr, gölö, *viel*, werden gebraucht, um einen höheren Grad auszudrücken: tel tawat jemisur, *sehr schöne Früchte*, abaz tel, *vorzüglich gut*, statt *die schönsten*, *das beste*. Über den Ablativ bei Vergleichungen s. § 161.

§ 171. Hierin reiht sich der ursprüngliche Mangel einer besondern Form für die Ordnungszahl. Man sagt patamat, (*der zweite Tag*) *Montag*, xibtamat, (*der dritte Tag*) *Dinstag*, also eigentlich *Zwei-Tag*, *Drei-Tag*, basar mug beç paqq bipeçqa snesa, *im Jahre 1854*. Oder man fügt das Particip der Gegenwart akal, *sagend*, vom Zeitwort pesus hinzu; z. B. bip ukal ʒi, *den vierten Tag*, xib ukal ʒina, *am dritten Tage*.

§ 172. In Betreff der Personalpronomina ist zu bemerken, dass die erste und zweite Person in beiden Zahlen keine besondere lautende Instructivform haben, nur für die dritte Person tono ist in beiden Zahlen eine solche Form da: tetin, tetuŋoa. Dies ist deshalb zu beachten, weil nur da, wo eine Thätigkeit der Person ausgedrückt wird, der Instructiv angewandt wird, sonst aber die Nominativform eintritt; z. B. tetin kalkasa, *er liest*, tetuŋoa kalquasa, *sie lesen*, aber tono bactesa, *er läuft*, tonor liquatam, *sie laufen*.

§ 173. Beim Verbum treten die Personalpronomina meist doppelt auf; z. B. zu bez zalikun kuazoz esa, *ich komme aus dem Hause meines Oheims*, za ibakeza, *ich habe gehört*, wa qawa ibaki, *dass du hörest*, un ganozo iman aizere, *du bist jetzt vom Lager aufgestanden; so auch* tono ianesa taga, *sie geht weiter*, tono banepi, *sie gelangte*, tonor luquaci kua, *sie gingen nach Hause*, andazbesanan wa, *rathet!* Jedoch kann das Pronomen auch einfach vorkommen, namentlich beim Imperativ und in der Frage: un iake, *geh du!* un ma dardba, *trauere nicht*, man izisa? *wohin gehst du?* ekaz besa, *was machst du?* Lano ekan esa? *was sagst du da* (eig. τοῦτο τί λέγεις), ianaaba oder za iezaaba, *ich weiss nicht*, wechseln mit einander ab.

§ 174. In Betreff der Zeiten ist zu merken, dass der Aorist eine vergangene Handlung ohne Rücksicht auf einen bestimmten Zeitpunkt berichtet, während das Perfectum eine der Gegenwart gegenüber abgeschlossen dastehende Handlung bezeichnet; z. B. zinbelo ḫane ari zoddaç, çikanzo setuz zyknedi, qazulun eturuz gena tor tetuç damaquy boš boriqun, *die Arbeitsame näherte sich dem Baume; schüttelte ihn am Aste, die goldenen Äpfel aber fielen so an sie in die Schürze*, abaza za, za etsakan sza, *ich weiss, weshalb du gekommen bist*, tune byʒ ʒsasbaka, *die Nacht ist vorübergegangen*.

§ 175. Die beiden Futura unterscheiden sich so von einander, dass das bestimmte Futurum eine fest beabsichtigte Handlung ausdrückt, das unbestimmte aber ein blosses Wollen oder Sollen; z. B. uṗa! — iagaa tello, uako, *Sage!* — *Sehr wohl, ich werde sagen*; buwaqaa biasusal çirik zo wazo ʒum bezal iez, *willst du*, *so will ich bis zum Abend nicht Brot von dir bitten*, aizal iagakazu zual setuŋo qoluza, *ich werde aufstehen und auch ihnen nahgehen*, gergoca iagalzo, ama laʒ beinqa, *ich will in die Kirche gehen, allein es ist ganz finster; ekal wa jeqal la-*

mandal lane, es wird dir unterwegs nichts zustossen; emxol xu txm ukalxu? womit soll ich Brot essen?

§ 176. Beim Gebrauch des Conjunctivs scheint es so gehalten zu werden, dass das Präteritum desselben meist nach dem Präteritum eintritt, das Präsens dagegen selten vorkommt; z. B. kiçkine mandi xax biqanel, *wenig blieb* (d. h. *fehlte*), *dass er mich packte,* tetu butuqusi aqanel, *er wollte nehmen,* xa buqi xaç beχunei, *ich wollte, dass er auf mich schaute.* Das Präsens steht natürlich, wenn ein Präsens vorangeht: buxaqxa lagax, *ich will gehen,* aber wir finden auch: buxaqusi uxin baxkax, *ich wollte bald liegen,* okxa lane bui bene, *es war nichts zu machen,* und umgekehrt das Präteritum vor dem vorhergehenden Präsens: lane bu suaxol lagajami, *es ist nicht (möglich), dass wir mit einander gehen könnten.*

§ 177. Der Conjunctiv, der häufig ein milderer Imperativ oder Prohibitiv ist, wird gebraucht bei Aufforderungen, bei Zeitwörtern des Wollens und Könnens; z. B. anxag begea, *nur lass uns sehen,* txmal wa xeyt qaa baxi xual wa xeyt xubaxo, *sowohl mein Brot sei dir zum Opfer, als auch ich dir ein Opfer sein werde;* okx qaxbi? *was soll ich machen?* xa xax mandakbax, *ich soll mich abmühen, dass ich mich abmühe,* buxaqxa lagax uçenk, *ich will nach Holz gehen,* wa qa ibaxi me kiöke ailxa namaxax, *erhöre das Gebet dieses kleinen Kindes,* ailxi letu baxasi ukasei, *und sie konnte kein Wort sprechen,* orlu ukxa, *so xu sagen,* tor begxa, *dass du so sehest,* beinahe.

§ 178. Für den Gebrauch des Optativs kann ich nur wenige Beispiele anführen: tetu gaxe bostu buqol, *sie hätte in's Bett gewollt,* ilgär tono çexalalginel ytea tetux blneqol, xogulxl o lane apoi, *und wenn es hervorkommen würde, möchte der Winter es packen, im Sommer das Gras nicht reifen.*

§ 179. Der Conditional tritt mit Conjunctionen: ilgär, *wenn,* ewaxl, *wann,* u. a., oder auch ohne dieselben auf: ilgär wax aemusea olbestestain, *wenn dich das Gewissen nicht beschämt,* ilgär baxaitu, *wenn er kann,* tono naia baxo jan bilun busa kaejanexo, *wenn er nicht sein wird, werden wir alle hungrig umkommen,* Bixxyxgoa barkain, *wenn Gott lässt,* tonor Kala xaöe kuaqxa iaee, xax piqua, lo ewaxi un aepaxo mogorbaKaln, xu wax tia jeqahax, *sie sind in's Haus der ältern Schwester gegangen, sie sagten mir, dass, wenn du vom Schlaf erwachen würdest, ich dich dahin schicken soll,* ilgär tono çexalalginei, *und wenn es hervorkommen würde.*

§ 180. In Betreff des Imperativs haben wir schon oben (§ 173) bemerkt, dass das Personalpronomen beibehalten werden kann; über den Gebrauch der Grundform statt des Affectivs ist § 159 zu vergleichen. In vielen Fällen sehen wir den Conjunctiv statt des Imperativs; vergl. § 177.

§ 181. Der Infinitiv wird wie ein Nomen behandelt: tetu xax xoqxlbexuntu buqoi, *sie möchte die Fliegen zählen,* baxkexun letu buqxa, *sie will nicht liegen,* gölö slipexunaxo bex bullo qaçexa, *von dem vielen Sprechen schmerzt mein Kopf,* Karxexuaqxa qulxgbexun jokne, *Leben und Dienen ist verschieden,* adamarton Kixaabexunun baxtln längäqxa aqxa, *die Menschen erhalten für*

Handarbeit Geld, ghil parsa mandakaquaa basaaki, *der Alte legte sich wieder zur Ruhe, tur la* tetux mogarbaaun lata baqa, *so dass man ihn nicht wecken muss.*

. § 182. Die Wiederholung des Infinitivs vor dem Verbum finitum zur Verstärkung eines Begriffes findet in einer Weise statt, die es zweifelhaft lassen muss, ob uns der Dativ des Infinitivs oder der Infinitiv mit nachfolgender Fragepartikel (§ 142) vorliegt; z. B. lastaaa wa leker laxde, *ich werde dir den Eimer wohl geben,* buxzfrika arux maksana saqunko, *sie thun zwar Feuer in den Ofen,* datikax bathesuaa gaaa laqun butko, *bedecken aber nicht das Loch.* Nicht unbeachtet darf bleiben, dass diese Stellen in dem aus dem Russischen übersetzten Texte vorkommen.

§ 183. Beispiele für den Gebrauch des abgekürzten Infinitivs in Zusammensetzungen namentlich mit bakzua in der Bedeutung *«können»* sind folgende: im saXi telle, arcesbatuksa, *jetzt ist er ein wenig besser, er kann sitzen;* za iza ef kua eeabaXal leza, *ich kann jetzt nicht in euer Haus kommen,* aqea ietubaXi, *sie konnte nicht nehmen,* tetu ȳeen ladeci bulk baXal letu tetu iadee, *er kann ihr keine mit Honig bestrichene Semmel geben,* za tewaxt laes lezubaXi, *ich konnte damals nicht reisen.*

§ 184. Der Gebrauch des ersten Supinums hat nichts Auffallendes an sich; z. B. ahilea larslax kallepi biasunun ȳumax uXsan, puran aepaxesannal tetux lanexai, *der Alte rief die Faule um das Abendbrot zu essen und legte sich wiederum schlafen,* biasun baneXe, *wer wird (kann) sterben,* oȳa iazgo Kaluana kua adipsan, *dann werde ich in's Haus der Grossmutter gehen, um zu spielen.*

§ 185. Für den Gebrauch des zweiten Supinums sind mir folgende Beispiele vorgekommen: bottema ugsua, *sich satt trinken,* d. h. *bis zur Sättigung,* ßaaxobaKsma, *bis zur Berauschung,* aba le zax eka uKaljan baba egama, *ich weiss nicht, was wir essen werden, bis der Vater kommt.*

§ 186. Das Particip der gegenwärtigen Zeit wird häufig attributiv gebraucht und ersetzt dann einen Relativsatz: oȳegal parial, *Kleidung, welche gewaschen werden soll, Wäsche,* iagal egal adamar gölöne baKo, *es werden viele Menschen sein, welche gehen und kommen,* zum uKal waxt, *die Zeit, da das Brot gegessen wird;* beȳ ȳegal ạm, *die Seite, wo die Sonne aufgeht;* beȳ buibaKal ạm, *die Seite, wo die Sonne voll wird,* d. h. *West.*

§ 187. Bei attributivem Gebrauch hat das Particip gewöhnlicher die auf a ausgehende Form; z. B. ȳȳçkala ga, *eine schmerzhafte Stelle,* aceabala warȳia, *eine verderbliche Gewohnheit,* oḳr maimaadala atur bu zasta, *was für wundersame Sachen sind bei mir;* aepaxesunua iagala waxt arine, *es kam die Zeit zum Schlafengehen.*

§ 188. Attributiv wird auch das Particip der vergangenen Zeit gebraucht; z. B. bia mandi bar, *des Kopfes übriggebliebener Theil,* anȳag le tetuȳo buqoqsal farpi aten qaibaKaqual, *kaum wollten sie mit dem erbeuteten Gute zurückkehren.*

§ 189. Hin und wieder finden wir das Particip der Vergangenheit vor andern Zeitwörtern in einer Art von gerundialer Stellung; z. B. arci ȳumqua uKsa, *nachdem sie sich ge-*

setzt, essen sie Brot, ganze aberl genz atmar barraqai, vom *Lager aufgestanden aber machte sie
sich an die Arbeit.*

§ 190. Eine engere Verbindung hat dieses Particip mit dem nachfolgenden Verbum,
wenn es eine Ergänzung der durch das Hauptverbum ausgedrückten Handlung bildet und
solche Nüancirungen bezeichnet, welche in andern Sprachen durch Zusammensetzung ausgedrückt werden; z. B. zu war lapi bezzuho, *ich werde dich schlagend tödten,* d. h. *todtschla-*
gen, ki qupbi öengo, *selbst wird du springend hervorkommen,* d. h. *hervorspringen,* paraski kena
biläzirta ari banpi Tiflis, *Freitag Mittag aber gelangte ich kommend nach Tiflis,* d. h. *erreichte*
ich Tiflis; ema purpi are emaal purpi laea, *wie viel fliegend gekommen und wie viel fliegend ge-*
gangen sind, d. h. *herbei und davon geflogen sind;* etar zu atbi aqe, *was ich arbeitend erhalten*
d. h. *erarbeitet habe;* baban muminz boti öiöeri, *der Vater nahm das Wachs schneidend heraus,*
d. h. *schnitt es heraus.*

§ 191. Das Particip der Vergangenheit wird auch angewandt, um das Gerundium der
Vergangenheit zu ersetzen, indem die Postposition qta hinzugefügt wird; z. B. telin arituzo
qta, *nachdem man von dort gekommen war;* Armenun muzen bawai zombaRituzo qta, *nachdem*
die armenische Sprache ziemlich erlernt worden war, bez purituzo qta, *nachdem ich gestor-*
ben bin.

§ 192. Beispiele für das Gerundium der Gegenwart sind folgende: iẓatan za jeẞa war
hano lamandi zal, *beim Gehen* (d. h. *als ich ging*) *stiess ein ungeheurer toller Hund auf mich,*
blasun gergeca taẓatan wi widimoẓor wazol lata, *wenn du am Abend in die Kirche gehst, so nimm*
deine Brüder mit dir, taẓatanal pine, *und im Fortgehen sagte er.*

§ 193. In Betreff der Conjunctionen ist ausser dem über al und qan bemerkten
(§ 140 f.) noch einiges über verschiedene derselben zu berichten. Zuvörderst fehlt dem
Udischen wie manchen anderen kaukasischen Sprachen die Disjunctivpartikel. Man kann
sich ohne dieselbe behelfen; z. B. baba nan kuaqun ie? *Sind der Vater und die Mutter zu*
Hause oder nicht? leza aba apöza zeri, *ich weiss nicht, ob es falsch oder wahr ist,* zangaux duẓe
qun ie, *haben sie die Glocke geschlagen oder nicht?* Oder man wendet das aus dem Persischen
entlehnte ja an, das sowohl einfach als doppelt auftritt: ja sameẓenze ego ja samegarda, *er*
wird übermorgen oder überübermorgen kommen, ja gölö ja kiçl, *entweder viel oder wenig.* Die
beiden Conjunctionen ama und gena, welche beide *aber* bedeuten, unterscheiden sich so,
dass letzteres nie die erste Stelle einnehmen kann: meta qali gena, *inzwischen aber,* ekan
gena bo, *was wirst du aber machen?* tia gena, *dort aber.* — Vielfach wird or, *da, wie,* theils
einfach, theils mit dem Zusatz ie angewandt; z. B. or ze ẞar iene, *da das Wasser nicht rein*
ist, or icuẓon baroqun, *wenn sie selbst fallen werden,* orie biiuntux zoqullebo larzten ene leta aba
ekaqun aqi, *wenn die Faule alle gezählt haben wird, dann weiss sie nicht, was sie thun soll.*
Auch kommt or im Nachsatz vor: anẓaẞ ie teno kuaẞ iẞabaRabeebaki or dadalen ... *kaum nä-*
herte sie sich dem Hause, als der Hahn ... anẓaẞie tetaẞo baqoqzai — *orie, kaum wollte sie*
— *als;* in anderen Fällen finden wir anẓaẞ — or ohne jenes ie, welches häufig beim Pronomen und den davon abgeleiteten Partikeln vorkommt, so Roriz, toriz, teta ie, eta ie, eẞar

le ... und in beiden Fällen trennbar ist; z. B. sale en za Estenk zib gi qullughe, *eins nur,* *dione wir dafür drei Tage.* Correlativ gebraucht sehen wir: etər·tetər und etər·ter, *wir-so,* *eisek-tetenk, waru-daru, ete-tete, weshalb-deshalb.*

§ 194. Um indirecte Rede wiederzugeben, bedient man sich einer einleitenden Conjunction le, *dass;* z. B. un exnu, le zu tel allzu, *du sagst, dass du ein guter Alter seist,* eig. *du sagst, dass sich bin ein guter Alters;* piqun, le izu zombaЕala waxt lene, *sie sagten, dass jetzt nicht Lernzeit wäre* (eig. *ist*).

SPRACHPROBEN.

I.

1. Wi baba kua? — Te. 2. Man lece? — Tezaba (leza aba). 3. Nuna kua lene? 4. Eriaĝeo ef kua. 5. Bes kua ekabu? 6. Zu buzaru, sa kiçi buzaqsa tym ullzz. — Gölö sei, eЕe iaĝen. 7. Sa kiçi fi eéa. 8. Wi baba ewart eĝela? — Hazza eseĝo. 9. Zu mandazu wi baba eĝama. 10. Wən ema wiôinan? — Xib. 11. Te þŋ maqun? — Te zzaba. 12. Un me éaĝal cirik manni? — Wa lewaba mazui? Zu Tifliza kalzuezzi. 13. Un ema weena tizen? — Bes tia baЕzun muŋ usenne. 14. Puran laĝallu? — Te, kalþesunaxo óixarzuze. 15. Isa eka bellu? — Zaal iezaba, beĝen elzra baЕzen. 16. Za buzaqsa qulluĝa baiĝes. — Gölö sel. 17. Ema usena wi babax nanaz le wa aЕe? — HaneЕo bip usen. 18. Elzra wi uken portbesa? — Un sor beĝzan ozarine. 19. EЕe unqan zn joldesbaЕen. — Zu gölö myqza baЕo. 20. Ewazt na qulluĝa baiĝain, lewazt zzal iazĝo qeiri ĝazu.

I.

1. Ist dein Vater zu Hause? — Nein. 2. Wohin ist er gegangen? — Ich weiss nicht. 3. Ist auch die Mutter nicht zu Hause? — Die Mutter ist zu Hause. 4. Lasset uns in euer Haus gehen. 5. Was ist in euerem Hause? 6. Ich bin hungrig; ich will ein wenig Brot essen. — Sehr gut, lasst uns gehen. 7. Bringe ein wenig Wein. 8. Wann wird dein Vater kommen? — Sogleich wird er kommen. 9. Ich werde bleiben, bis der Vater kommt. 10. Wie viel Brüder seid ihr? — Drei. — 11. Wo sind jene zwei? — Ich weiss nicht. 12. Wo warst du bis zu diesem Zeitpunkt? — Weisst du nicht, wo ich war? Ich lernte in Tiflis. 13. Wie viel Jahre bist du dort? — Mein Aufenthalt daselbst sind acht Jahre. 14. Wirst du wieder hinreisen? — Nein, ich habe das Lernen beendigt. 15. Was wirst du jetzt machen? — Auch ich weiss es nicht, lasset uns sehen, wie es sein wird. 16. Ich will in Dienst treten. — Sehr gut. 17. Wie viel Jahre hast du deinen Vater, deine Mutter nicht gesehen? — Es werden vier Jahre. 18. Wie erträgt es dein Herz? — Du meinst, als ob es leicht sei. 19. Geh, du und ich wollen Kameraden sein. — Ich werde sehr froh sein. 20. Wenn du in Dienst trittst, dann werde auch ich an eine andere Stelle gehen.

II

1. Bez nep enazn, za buzaqza baakaz. — Un baska, zu iazĝe seirbaz. 2. T'aҜe, za horazo ǫłł puran aҜe. — Šel, tel. 3. Aiza, wi dąsnuz uła. — T'e za aba. 4. Ete le wa aba? — Nąine kua iaz baҜe. 5. Maa lacei? — Bez baban qelri gannnel jeqabe. 6. Uła beĝaz maa jeqabel. — Zaz ḿine: laҜe zalikua kua, zual lazel. Tia zaz equnĝ šune byĝel cirlk. Qłł ariz kua, buzaqi arcaz, dąsnuz zombaҜaz, ama baban aanaa lequa barti. Ḿiqua le iza zombaҜala wazt lene, aiza, baaka, damdamazo sizaajando, tewazt zombanҜo. Zual baszuki, saal tiaz beĝi, le ѕҜola[1]) egala waztle. Iaa bez dąsnuz le za aba. 7. ĆułҜi Ҝaiązre, arca, motuzo qłł meiąz aḉ nuibann, lapzuҜo. 7. Ąilon bulkoçbi arreci.

III.

1. Ai wiḉi, eҜiaĝen bel kua. 2. Eka bo ef kua? — Bez wiḉine pure. 3. Ekan exa, etuzoa pure? — ḾeabaҜal lene. Narzuĝ laiconei arra zodil, birdŝn tefin ieza aba, aiąra mono baҜe, binele, bituagolan purine, le ja baҜi muginal ladestajanl. 4. Wi mano wiḉis pure? — Ҝala wiḉi. 5. Orjaa bel, wi bul qan dyryst baҜi.

II.

1. Mein Schlaf kommt, ich will liegen. — Liege du, ich werde spazieren gehen. 2. Geh, nach einer Weile komme wieder. — Gut, gut. 3. Steh anf, sage deine Lection. — Ich kann sie nicht. 4. Weshalb kannst du sie nicht? — Gestern bin ich nicht zu Hause gewesen. 5. Wohin warst du gegangen? — Mein Vater hatte mich anderswohin geschickt. 6. Sage, damit ich sehe, wohin er (dich) geschickt hatte. — Er sagte mir: Geh in's Haus des Oheims und ich ging. Dort hielt man mich bis Mitternacht. Später kam ich nach Hause, wollte sitzen, die Lection lernen, allein der Vater und die Mutter erlaubten es nicht. Sie sagten, dass es jetzt nicht Lernzeit sei, steh anf, lege dich nieder, morgen werden wir (dich) wecken, dann wirst du lernen. Und ich legte mich nieder, plötzlich sah ich da, dass es Zeit sei, in die Schule zu gehen. Jetzt kann ich meine Lection nicht. — 7. Wenn es so ist, so sitze, dass du nach dieser Zeit nicht so thuest, ich werde dich schlagen. 8. Der Knabe verbeugte und setzte sich.

III.

1. Heb, Bruder, lasset uns in unser Haus gehen. 2. Was ist in euerem Hanse? — Mein Bruder ist gestorben. 3. Was sagst du, wovon ist er gestorben? — Es kann nicht gesagt werden. Gestern Abend war er auf einen Birnbaum gestiegen, plötzlich fiel er, ich weiss nicht, wie dies geschehen ist, von dort und beim Fallen starb er, auch konnten wir nicht das Abendmal ihm geben lassen. 4. Welcher dein Bruder ist gestorben? der ältere Bruder. 5. Was sollen wir machen, damit dein Haupt gesund bleibe?

---

1) Russ. шкаша, Schule.

IV.

1. Un ʒuʒollu mandesa?—Śukalaʒol ie. 2. Pei ʒapaʒa mandesa?—Śapaʒ mandesa, bo. Zu arrucesa ber berïïn, baaʒukaa, aïsuʒea. 3. Za ekar ïe ʒaKsa. Ber per ekal lowe aKesa.

V.

In der Mundart von Wartaschen.

1. Ekan besa? Upa ʒaʒ ue mallu esa, man taïsa? — 2. Zu ber ʒalikon kuaʒoʒ esa, buʒaqʒa çalagi ïaʒaʒ uʒeuk. — 3. Ef kua ʒua bu? — 4. Baba, nana kuuqun, ie? — 5. Ekaqun besa? 6. Kuaqun, arei ʒumqun uKsa. — 7. Za ibaKeʒa, ïe wi baba ʒʒarrune, ïe ʒa aba, apçïa serï? — 8. Apçï iene, serine; ber baba ʒʒarruneï, ama iʒa saKi ʒelle, arcesbatuKsa. — 9. Ewaʒïaʒo magaa ʒono bashï-ne; qʒekala ga ʒkaʒaï? — 10. Beʒo ïureï cïrïk har ga qʒeïueʒʒaï; bïïuntuʒo abuʒ gena bulleï qʒaceʒa, buKua, ʒaaï ulʒuʒ. — 11. ÇuaKi Korre, ʒa iʒa ef kua eesabeKal ïeʒʒa; wi babaʒ un, ʒouo ʒäne ʒapʒa baKaïn, uʒpʒa, ïgäʒ baKaïïu, uqufulluʒen me biaʒ beï kuaqun arï. — 12. Ingäu ʒelle, uʒke.

In der Mundart von Nidsh.

1. Hïkeaʒ bʒa? — Upa ʒaʒ, bua mallu esa, majaʒ ïaïsa. 2. Zu ber ʒnïkïn kojaʒon esa, buʒaqʒa çalaKo ïaʒaʒ uʒeïnak. — 3. Ef koja ʒua bu? — 4. Wi bawa, nana kojatuï, ie? — 5. Hïkeatuʒa beʒa?— 6. Kojatun, arei ʒumtuu uKsa. — 7. Zu ibaKeʒu ïe wi bawaʒ ʒʒarrune, ïe ʒa aba, serïa apçï? — 8. Serine, ber bawaʒ ʒʒarruneï, hama iʒa ʒaKi ʒatte, arcesbatuqsa. -- 9. Hewaʒïaʒon magaja ʒono baʒa-kone? hi ga qʒace? — 10. Beʒoʒ ïureï cïrïk haʒ ga qʒacene, hama bïïuntuʒon keïïe bulle qʒace, ïaʒpaʒa, ʒaï ulʒuʒoʒ. — 11. ÇuaKi Keïaʒre, ʒu iʒa ef koja eesïeʒabeKo, wi bawaʒ upa ʒhïïa baKaïïu — — me be-jaʒ beï kojaqun harï. — 12. Ingäu ʒatte, uʒko.

IV.

1. Mit wem lebst du? — Mit Niemand. 2. Also lebst du allein? — Ich lebe allein, ja. Ich sitze, schlafe und stehe für mich auf. 3. Ich sehe nichts In meinem Auge sehe ich nichts.

V.

1. Was machst du? Sage mir, woher du kommst, wohin du gehst? — Ich komme aus dem Hause meines Oheims; ich will in den Wald gehen nach Holz. — 3. Wer ist in euerem Hause? — 4. Sind Vater, Mutter zu Hause, nicht? — Was machen sie? — Sie sind zu Hause, sitzend essen sie Brot. — 7. Ich hörte, dass dein Vater krank ist, nicht weiss ich, ob es unwahr ist oder wahr? — 8. Es ist nicht unwahr, es ist wahr; mein Vater war krank, aber jetzt ist er ein wenig besser, er kann sitzen. — 9. Seit wann bisher liegt er, welche Stelle war schmerzhaft? — 10. Vom Kopf bis zum Fuss schmerzte jede Stelle; mehr als Alles schmerzte der Kopf, der Bauch, auch die Zähne. — 11. Da es also ist, kann ich jetzt nicht in euer Haus kommen; sage deinem Vater, falls er allein ist, dass er, wenn er kann, diesen Abend allgemach in unser Haus komme. — 12. Es ist sehr gut, ich werde (es) sagen.

VI.

1. Ai nana! ru busaru, za ḥɥm lada; etnxol ru ḥɥm uKalzu? — 2. Un ganuxo inan airere, ḥɥm uKal waxt lene, saKi ɸoriba. Za wako ajel le za aKe, ḥalą inan ganuxo airere, ḥalą ŝel moǥorienbaKe, ḥɥmnu bessa; meiąr aṭ baKal lene. — 3. ṭan aana! un aṭuṭon ma baKa; buwaqsa biasunal cirik ru waxo ḥɥm besal lez. 4. K'ano ekan era, bex lul; ḥɥmal wa neyḥqan baKi, zual wa neyḥzu baKo.

VII.

1. G'ine ewaxta, ąilɥz maqun lace? Zu sapsax mande, aixal laǥelzu zual tetnǥo ǥotten. — 2. So-nor Kala zuače kuaqun lace, zax ɸiqun, le ewaxt un nepaxo moǥorbaKain, zu wax tin jaqabaz. 3. Zu isa Kala zunče kua orzu iaǥo? ŝetuǥoi za pia ḥaqo bu, qyzapaa, le ḥaon zax biqane. — 4. Maqawaqybi, lake, jaqaxo kalɸa zunče ḉiax, ŝubaKain so ḉeneǥo, wax laneŝo kua. — 5. Telin arituxo oḥł za muḉa-naq ladon ugaz? — 6. Ŝelle, un laKe, muḉanaqaxo ṭok, buwaqsa, ḉąinal lazdo. — 7. Zu gülŏ muq-zu; un ekan uko, muḥaxąl zaxol mia edaz? — 8. T'e, me ǧimxox ma eča, wa awwax baba ḥal ŝeliene; koṭal qaḉquruḉne. — 9. Za le za aba, beŝ baba ewaxt ŝel baKala, ewaxtal cirik Kor axarru baskala. 10. Bex tull un ma dąrdba; Byxąṭɥḗ Kala iŝune; usiane baba ŝelbaKo; un Byxeṭɥǥo namazba; Byxą-

---

VI.

1. Ach, Mutter! ich bin hungrig, gieb mir Brot; womit werde ich Brot essen? — 2. Du bist jetzt vom Bette aufgestanden, es ist nicht die Zeit, Brot zu essen, gedulde dich ein wenig. Wie du, habe ich kein Kind gesehen, kaum bist du jetzt aus dem Bett aufgestan-den, noch nicht erwacht, bittest du Brot; so kann die Sache nicht sein. — 3. Seele, Mut-ter! werde du nicht böse; willst du, so werde ich bis zum Abend von dir nicht Brot bitten. — Was sagst du dies, mein Kind; sowohl das Brot wird dir zum Opfer sein, als auch ich werde dir zum Opfer sein.

VII.

1. Welche Tageszeit ist es, wohin sind die Kinder gegangen? ich bin allein geblieben, ich werde aufstehen und auch ihnen nachgehen. — 2. Sie sind in das Haus der älteren Schwester gegangen, sie sagten mir, dass, wenn du vom Schlafe erwacht sein würdest, ich dich dorthin schicken sollte. — 3. Wie werde ich jetzt in das Haus der älteren Schwester gehen? sie haben einen bösen Hund, ich habe Furcht, dass der Hund mich packe. — 4. Fürchte dich nicht, gehe, von dem Wege rufe den Namen der Schwester, irgend jemand wird zum Vorschein kommen, dich in das Haus führen. — 5. Nachdem man von dort ge-kommen sein wird, wirst du mir süsse Milch zum Trinken geben? — 6. Es ist gut, geh du, ausser der süssen Milch werde ich dir, willst du, auch Butter geben. — 7. Ich bin sehr früh; was wirst du sagen, wenn ich auch den Schwiegersohn mit mir herbringe? — 8. Nein! bringe ihn nicht in diesen Tagen, du weisst, dass des Vaters Lage nicht gut ist; auch ist das Haus eng. — 9. Ich weiss nicht, wann unser Vater gesund werden und bis zu welcher Zeit er krank liegen wird. — 10. Mein Kind! bekümmere dich nicht; Gott ist ein grosser

zuɣoi çiaz kalþa. — 11. Zu aaqaral ɣenazun, biasun, ldoon, käkäþun iazo ööŧti Byzɪʒuʒo namazzub-aa, ie Byzaʒuʒon bei baba gölö ʒiqan ladi; ̇ aoao nain baⱪo, jan bilun buaa kaçjaneʒo. — 12. Ai By-zɪʒuʒi waqawa ibakl me klçke ⱥlⱥn aamazaz.

VIII.

1. Šune ewazta? Za buzaqaai usin baskaz usinal aizaz. — 2. Šune byɣ çenebaⱪe, iete za aba, ie dadalen aa Kärän elleþe. — 3. Iaa zu ekaqazbi, aaⱪi baaⱪaz; un gena zahaiun þqqtul iaz moɣorba. 4. Šeile, iaⱪe, nepazeⱪe, bez bez gölö ma qaeta, gölö aiiþeaumazo bez buile qaeexa. — 5. Zäuguuz du-geqen, ie? — 6. Haiaaqun duɣe, eⱪa bu? — 7. Gergeca iaɣalzu, auna laþ beinqno; aa adamaral ieno bo zunazol iaɣajani, esun gena ozazine. — 8. Ekal wa jaqal lamandal ieine, eiuzo wa qybaa, iaɣal eɣal adamar gölöne baⱪo. — 9. Gergeca ianci, gergecaz adamar gölöai, beiaʒen ŧel namazbia? — 10. T´azci, iemanei adamar, ie gergecar lequa beqaai; inɣäo ŧel, aawaz namaznebi. — 11. Šua bui gergecaz? Bei qonai ie, iö éubuz, ɣarmuz, ziaärmuz, wi zala, ⱥmik, aua buqoni? — 12. Bilun bu-quni, babaal tiznei. — 13. Biasun gergeca iaɣatan wi wiéimuɣozal, zunéimuɣozal girba, wazol iaŧa, ielinai un eéa, jaqal ekal maqan baⱪi — 14. T´azŧo, eééo, barzuko mia, ⱥŧa iazɣo Kalaaua kua aöl-

Mann; bald wird der Vater gesund werden; bete du zu Gott; rufe den Namen Gottes an. — 11. Ich habe immer, bei Tage, Abends, in der Nacht auf den Knien stehend, zu Gott ge-betet, auf dass Gott unserem Vater viele Tage verleihe; wenn er nicht sein wird, werden wir alle hungrig umkommen. — 12. O Gott! höre du das Gebet des kleinen Kindes.

VIII.

1. Welche Nachtzeit ist es? Ich wollte schnell liegen und schnell aufstehen. — 2. Die Hälfte der Nacht ist vorüber, denn ich weiss, dass der Hahn einmal gekräht hat. — 3. Was soll ich jetzt machen, ein wenig liegen, du aber wecke mich gegen zwei Uhr. 4. Es ist gut, geh, komm in Schlaf, quäle meinen Kopf nicht viel, von dem vielen Sprechen schmerzt mein Kopf. — 5. Haben sie die Glocke geschlagen, nicht? — 0. So eben haben sie dieselbe ge-schlagen, was ist? — 7. Ich will in die Kirche gehen, allein es ist ganz finster; es giebt keinen Menschen, damit wir mit einander gehen, zu kommen ist es leicht. — 8. Unterwegs wird dir nichts zustossen, was fürchtest du, es werden viel gehende und kommende Men-schen sein. — 9. Gingst du in die Kirche, waren viele Menschen in der Kirche, hat der Priester gut das Gebet verrichtet? — 10. Ich ging in die Kirche, so viel waren Menschen dort, dass sie in der Kirche nicht Platz fanden; er hat das Gebet sehr gut, schön gehalten. — 11. Wer war in der Kirche? War unser Nachbar selbst, seine Frau, Söhne, Töchter, deine Mutter und Vater, Bruder, Vaterschwester? — 12. Alle waren, auch der Vater war dort. — 13. Wenn du am Abend in die Kirche gehst, so sammle deine Brüder und Schwestern, nimm sie mit dir, und bringe du sie von dort, damit unterwegs nichts geschehe. — 14. Ich werde sie hinführen, zurückbringen, sie hier lassen, darauf werde ich in's Haus

ƕeꭋꭋ. — 15. Boꭗa, Ꭵꭋꭋꭋꭋꭋꭋ kꭋꭋ dꭗꭋꭗꭋꭗ ꭋ ꭋ ꭋꭋ, diꭗꭗ ꭋꭋꭋ; Byꭗꭗꭗꭋꭗꭋꭋ, dꭗꭗꭋꭗꭋ iꭋꭋꭋꭋꭋ ꭋꭋ ꭋꭋ ꭗꭋꭋꭗꭋꭋꭋꭋ, ꭋꭋ Ꭵꭋꭋ ꭋꭋꭋꭋꭋꭋ ꭋꭋꭋ; ꭋꭋ ꭋꭋꭋ ꭋꭋꭋꭋ ꭋꭋꭋꭋꭋꭋ; ꭋꭋ ꭋꭋ ꭋꭋꭋꭋꭋ. — 16. Gergꭋꭋꭗꭋꭋ ꭋꭋꭋꭋ, dꭗꭋꭋꭋꭋ ꭋꭋ ꭋꭋꭋ. — 17. Tꭋꭗꭋꭋꭋ ꭋꭋ jꭋꭋꭋ ꭋꭋ ꭋꭋꭋꭋ ꭋꭋꭋꭋꭋꭋ ꭋꭋ, ꭋꭋꭋꭋꭋꭋ ꭋꭋꭋꭋ ꭋꭋ ꭋꭋꭋꭋꭋꭋ; ꭋꭋ ꭋꭋ ꭋꭋꭋꭋ Ꭵꭋ, ꭋꭋ ꭋꭋ ꭋꭋ ꭋꭋꭋꭋꭋꭋꭋꭋ. — 18. Tꭋ ꭋꭋ ꭋꭋꭋ? ꭋꭋꭋꭋ ꭋꭋꭋꭗ ꭋꭋꭋ ꭋꭋꭋ ꭋꭋꭋꭋꭋ? ꭋꭋ ꭋꭋꭋꭋ ꭋꭋꭋꭋ ꭋꭋꭋꭋ, ꭋꭋꭋꭋꭗꭋ ꭋꭋꭋꭗ ꭋꭋꭋꭋꭋ ꭋꭋꭋ ꭋꭋꭋꭋꭋ. — 19. Zꭋ ꭋꭋꭋꭋ ꭋꭋ ꭋꭋꭋꭋꭋ, ꭋꭋ ꭋꭋꭋꭋ ꭋꭋꭋꭋ, ꭋꭋ ꭋꭋꭋ ꭋꭋꭋꭋꭋ, ꭋꭋ ꭋꭋꭋ ꭋꭋꭋ ꭋꭋꭋꭋꭋꭋ ꭋꭋꭋ. — 20. Byꭗꭗꭗꭋꭗ! ꭋꭋ ꭋꭋꭋꭋꭋ, ꭋꭋ ꭋꭋꭋꭋꭋ ꭋꭋ ꭋꭋꭋꭋꭋ ꭋꭋꭋꭋ!

IX.

1. Bꭋꭋ Ꭵꭋꭋ ꭗꭋꭋꭋ ꭋꭋꭋꭋ ꭋꭋꭋꭋꭋ, ꭋꭋꭋ ꭗꭋꭋ, ꭋꭋꭋꭋꭋ, ꭋꭋꭋ; Ꭵꭋꭋ ꭗꭋꭋꭗꭋ ꭋꭋꭋꭗꭋꭋ ꭋꭋꭋꭋ, ꭋꭋꭋ ꭋꭋꭗꭋꭋ ꭋꭋꭋꭋ; ꭋꭋꭋꭋ ꭗꭋꭋ ꭋꭋꭋꭋꭋꭋ, ꭋꭋꭗꭋꭋꭋ? — 2. Wꭋꭋ ꭗꭋꭋꭋꭗꭋ ꭋꭋꭗ ꭋꭋꭋꭋꭋꭋꭋ; Ꭵꭋꭋ ꭗꭋꭋꭗ ꭋꭋꭗꭗ ꭋꭋꭗ ꭗꭋꭋꭋ, ꭋꭋꭗ ꭋꭋꭋꭋ, ꭋꭋ ꭋꭋꭋ ꭋꭋꭗ ꭋꭋꭋꭋꭋꭋꭋ; Ꭵꭋꭋ ꭗꭋꭋꭗꭋ ꭋꭗꭋꭋᎥꭋꭋ: ꭗꭋꭗꭋꭋ, ꭋꭗ, ꭋꭗꭋꭋꭋꭋ ꭋꭋꭗꭋꭋꭋ, ꭗꭋꭋꭋꭋ ꭋꭗ, ꭗꭋꭗꭋꭋ ꭋꭋꭗ, Ꭵꭋꭗꭋꭋꭋꭋ ꭋꭋꭗ, ꭋꭋꭋꭋꭗ; ꭋꭵꭋ ꭋꭋꭋꭋꭋꭋ: ꭋꭗ, ꭗꭋꭗꭋꭋ, ꭗꭋꭗꭋ, ꭗꭋꭗꭋꭋꭋ; Ꭵꭋꭋ ꭗꭋꭋꭗꭋ ꭗꭋꭋꭋꭋꭋ ꭗꭋꭋꭋꭋ ꭋꭋꭋꭋꭋ, ꭋꭋꭗꭗꭋꭋꭋꭋ ꭋꭋꭋꭗꭗꭗꭋꭋ, ꭋꭗꭋꭗꭋꭗꭋꭗꭋꭋꭋꭗꭋꭋꭋ. — 3. Aꭗ! ꭋꭋꭋꭋꭗ ꭋꭋꭵꭋꭋ Ꭵꭋꭋ ꭗꭋꭋꭗ ꭋꭋꭋ ꭋꭗꭋꭋꭋ, ꭋꭋꭋꭋꭋ ꭋꭋꭗꭋꭋꭋ, Ꭵꭋꭋ ꭋꭗꭋꭋꭗꭋꭋꭋ ꭋꭋꭗꭋꭋꭗꭋꭋ ꭗꭋꭗꭋꭋ, ꭋꭋꭗꭋꭋ ꭗꭋꭗꭗꭋꭋꭋ, dꭗꭗꭋꭗꭋꭗꭋ ꭗꭋꭗꭋꭋ ꭋꭋꭗ ꭋꭋꭗ ꭗꭗꭋꭗꭋꭗꭋ ꭋꭋꭋꭗꭋꭗ ꭋꭗꭋꭋ, ꭋꭗꭗ ꭋꭗꭋꭋꭋ ꭋꭗꭋꭋ, Byꭗꭗꭗꭗꭗꭗꭋꭋꭋ ꭋꭋꭗ ꭗꭗꭋꭗꭋꭗꭗ Ꭵꭋꭋ ꭋꭗꭋꭋꭋ. — 4. K'ꭋꭋꭋ ꭗꭋꭋꭗꭋꭗꭋ ꭗꭋꭗ, ꭗꭋꭗꭋꭋ ꭗꭋ-

der Grossmutter geben, um zu spielen. — 15. Sieh zu, mache keine Streiche bei der Grossmutter, sitze ruhig; bei Gott, beim Evangelium, höre ich, dass du dort Streiche gemacht hast, so entgehst du meiner Hand nicht; ich werde dich schlagend tödten; jetzt weisst du es. — 16. Bei der Kirche, Mutter, ich werde keine Streiche machen. — 17. Beim Gehen stiess ich auf einen ungeheueren tollen Hund, wenig fehlte, so hätte er mich gepackt; später erfuhr ich, dass dieser Hund toll war. — 18. Wessen war jener Hund? weshalb gehst du nicht fern vom Hunde? wenn der Hund auch nicht toll sein wird, muss man immer fern vom Hunde stehen. — 19. Ich sah durchaus nicht, dass der Hund kam, ich ging voran, der Hund aber kam hinter mir. — 20. Gott! dir sei Preis, sei du uns stets eine Hülfe!

IX.

1. Wann gehen unsere grossen Fasten an, wie viel Tage, Wochen, Monate sind es; was isst man in den grossen Fasten, was isst man nicht, welchen Tag gehen sie an, wann gehen sie zu Ende? — 2. Nach zehn Tagen fangen sie an; die grossen Fasten sind acht und vierzig Tage, sieben Wochen, ein Monat, drei Wochen sind sie; in den grossen Fasten isst man: Bohnen, Honig, Essiggurken, gestampfte Nüsse, Bohnen-Reis, Säure-Reis, Sirop; nicht isst man: Fleisch, Eier, Butter, saure Milch, Käse; die grossen Fasten fangen am Montag an, sie endigen am Sonnabend, am Sonntag aber isst man, bereitet man Fleischspeisen. — 3. Ach! wann wird es sein, dass die grossen Fasten schnell kommen und schnell gehen; dass wir zu Ostern freudig hervorgehen, in die Kirche gehen, vor dem Evangelium und vor dem Kreuze unsere Sünden dem Priester sagen, darauf das Sacrament nehmen und Gott unsere Sünden vergebe. — 4. Haben wir ausser den grossen Fasten noch Fasten;

rux bu bed;. ema ɡiruxa bu? — 5. Xib: so exxa-ɡirux, so Mairam-nana ɡirux, soal beinɵun ɡirux. — 6. Motuɡoxo ɡok ɡenen ɡiruxal bune; ɡenen ɡirux ema Käräna baKxa xamatiþ? — 7. Ĝenen ɡirux xamatiþ þa Käräne baKxa; xa biptamat ɡi, xael þaraxki.

X.

1. Baba max? max lace? damdamaxo maɡane baba lene aKexa, ekxluxa iace? — 2. Baba bexaraxe lace; koɟia baxtia xram aqalle, eKenk mu; xrum marrece, muxl kiɕine mende. — 3. Babax þèn xeak koin, lapɕin, qxri tul aqanei? — 4. P′xz, aqalle.— 5. Baba damnun eɡxa bxxaraxo? — 6. T′e, ja xxxeɡenane eɡo ja xxxeɡarde, þa ɡi tin mendalle. — 7. Tlgi! baba cuexa; xa bäbɡä bui iɕ amel enxɕɕa. — 8. Me þa ɕar lalaKan äia? xa ɕar ɕoɕane, xa ɕar mxin. — 9. Main lalaKanux bexine, ɕoɕa ɡenx nanai.

XI.

Beɕ koɟin bul qoruxne[1]),	Unseres Hauses Anfang ist ein Feld,
iɕ boɕ buo buruxne;	auf demselben ist ein Berg befindlich;
a xinär, a xinär! men laixa?	O, Mädchen, o Mädchen! wohin gehst du?
tia ɕurþl ɡar goruxne.	der dort stehende Jüngling ist kläglich.
Beɕ þaKxa oɕ oɕine[2]),	Unseres Gartens Ende ist Schmutz,
iɕ boɕ buo ɕaɕine,	auf demselben ist ein Staar befindlich;
a xinär, a xinär! ɕelgar beɡa[3])!	O Mädchen, o Mädchen! schaue gut zu!
tia ɕurþl ɡar kaɕine[4]).	der dort stehende Jüngling ist blind.

wie viel Fasten giebt es? — 5. Drei: Ernte-Fasten, Fasten der Mutter Maria und Priester-Fasten. — 6. Ausser diesen haben wir noch Tagesfasten; wie vielmal sind Tagesfasten in der der Woche? — 7. Tagesfasten sind zweimal in der Woche: am Mittwoch und am Freitag.

X.

1. Wo ist der Vater? wohin ist er gegangen? Vom Morgen bis jetzt ist der Vater nicht sichtbar; weshalb ist er gegangen? — 2. Der Vater ist auf den Markt gegangen; er will Weizen für das Haus kaufen, für das Pferd Gerste; der Weizen ist ausgegangen, und Gerste ist wenig geblieben. — 3. Hast du dem Vater gesagt, dass er mir eine Mütze, Stiefel und Rosinen kaufe? — 4. Ich habe es gesagt, er wollte es kaufen. — 5. Wird der Vater morgen vom Markt kommen? — 6. Nein, entweder wird er übermorgen oder nach übermorgen kommen, zwei Tage wird er dort bleiben. — 7. Siehe da, der Vater kommt; eine volle Tasche trägt er auf seiner Schulter. — 8. Wessen sind diese zwei Paar Schuh? ein Paar ist roth, eins schwarz. — 9. Die schwarzen Schuhe sind mein, die rothen aber gehören der Mutter.

---

1) Eine Variante bietet beɕ koɟin teco qoruxne, *sonst des Hauses ist ein Feld.*
2) Variante statt oɕ, *Ende,* ium, *Wurzel, Boden.* 3) statt ɕelgar beɡa eine Variante xa ɕurþa, *mit allein.*
4) statt ɕurþl findet sich baxki, *allgemein.*

Dodin zinär çenebaḱi[1]),   Vorüber ist das Mädchen von Dodi gegangen,
bez ukin óȧin zenebaḱi,   Meines Herzens Butter ist geschmolzen,
gölö za buqı zaǫ begȧnei[2]),   Sehr wollte ich, dass auf mich sie schaute,
bez dilȧg lam lenebaḱi.   Mein Wunsch wurde nicht erfüllt.

Zu tadəl ǫumaz uḱain,*   Wenn du das von mir gegebene Brot issest,
wi ḟez bez laxo maḱain,   Wenn du dein Auge auf mich wirfst,
jan ingän muçȧjan Karzo,   Werden wir sehr freudig leben,
ägär un bezl baḱain.   Wenn du mein würdest.

Ma girba mamuṭȧkaz,**   Sammle nicht Veilchen;
aizen gaçken Köṭagax,   Stehen wir auf, spannen wir den Schlitten an,
buzaqsa haisa iaģaz   Ich will sofort gehen
puran baba ḟeṭagax.   Wiederum zu des Vaters Handwerk.

Ai fuģara ḱunkuri,   Ach, arme Turteltaube,
barzi jaqallu puri;   Auf dem Querweg stirbst du;
wi lur ostawar ģaçnei,   Dein Fuss war fest zugebunden,
laxo bunel ḟis turi.   Oben war ein schlimmer Faden.

Bez ḟaḱiḣ bune main tul,   In unserm Garten ist eine schwarze Weinbeere,
wa qurban qanbaḱi bez bul;   Mein Haupt sei dir zum Opfer;
un bez purioxo ǫṭa   Nachdem ich gestorben bin,
telgar laḟa muçinen ḱul.   Bedecke du (mich) mit ein Handvoll Erde.

Ai bez xuadi, un cun ari,   Ach, Schwester mein, willkommen,
telle baḱza uk ziubri;   Gut ist das Herz des Mädchens:
ägär waz ḟis ḟin begaiz,   Wenn dich ein schlechtes Auge ansieht,
ič boz haḟa muça ḣari.   Streue in dasselbe eine Handvoll Mehl.

Die mit * und ** bezeichneten Verse lauten in der Mundart von Nidsh nach der Mittheilung von Chamajanz also:

Zu tadala ǫumaz uḱain,   Ma girba momoṡakax,
wi bulaz bez laxon saḱain,   haizen gaćken xrzakax,
jan ingän muçȧjan Karzo,   buzaqsa haisa iaģax,
ahän bun bez baḱain.   purum bez bawzi ḟeṭakax.

---

1) Statt **Dodin** die Variante **ȧawai**, *schön*.
2) Die beiden letzten Verse lauten in einer Variante **aii zu ḟi, ietuibaḱi; bez dilȧgȧl iam ienebaḱi**, *ich sprach, sie hörte nicht, und mein Wunsch wurde nicht erfüllt*.

Wi jaqex gölö zu beǧi, un laau ari,
bez perzoal katkatpikaau aeǧze bari;
zu wax ӡoiӡrubaa ma barta ӡahil bizz,
oʒa baaKe on adamarbaabalal lari.

Viel sah ich auf deinen Weg, du kamst nicht,
Und aus meinen Augen tröpfelten blutgleich
    die Thränen,
Ich bat dich, lass du mich nicht jung sterben,
Dann wirst du einem Menschentödter gleich
    sein.

Un wa|baKa le wi baztin bez pinaz zu eizko,
ӧenebaKo wazt sa pʒ ailal zu waz uzko,
tewazt wa abewabaKo ieza ieza beqiai
baKazu wazo Kala ama beKazu kieko.

Glaube, dass ich für dich mein Blut vergiesse,
Es wird die Zeit vergehen, ich werde dir ein,
    zwei Worte sagen,
Dann wirst du wissen, dass ich nicht wollte
Grösser sein als du, sondern kleiner sein.

In der Mundart von Nidsh:

Ai ӧӧa ǧar majan iaisa?
bun bez iskar baKa baisa!
barda bar amdaren wa seǧaa,
wi beeǧo he iasa iopian ӡan.

He, rother Knabe, wohin gehst du?
Sei du jetzt mein Gatte!
Möge jeder Mensch dir sagen,
Wie schön, o Seele, deine Verlobte.

Za beken baKio wi nanazon;
za nu ӧureǧain wi ukezon,
bioz zu wi filin böš,
banKe hun za laritzon.

Für mich wurdest du von deiner Mutter ge-
    boren;
Wenn du mir nicht aus deinem Herzen zu-
    kommst,
Werde ich vor deinen Augen sterben,
Wirst du meinesgleichen los.

Bet mahla gzoi ӧumauluae,
bip iarap oraliane;
ӧӧa ӧöla zujaren
tatil waz kalene

Unser Hof ist grasbewachsen,
An den vier Seiten sind Quellen:
Das rothwangige Mädchen
Rufet dich daselbst.

XII.

Zu tuzu.

Zu Udin öwlädazozu, manerle manquodeza pʒ aizun boš: Wartazenunqaa Niizai. Zu Wartaze-
nun Udiǧozozu; bez bahan zax wuǧusenon waxtta lanedi kalpestezza Armeinun mezen. Armeinun mu-

---

XII.

Wer ich bin.

Ich bin aus dem Stamme der Uden, welche in zwei Dörfern: Wartaschen und Nidsh
leben. Ich bin von den wartaschenschen Uden; mein Vater gab mich, als ich sieben Jahre

zen bawai zombaRituzo ǫ૫a, tetin zaz inneteri Gurǳin beinᵤn toǧol, Gurǳin muzezal bawai zombazki. Ama bez baban beǧine, ie isa ruzluǧne; Ruzin muz gölö lazumne; meta baztin ૫etin zaz Nuzinᵤ eceri inᵱᵤrmitnebi Nuzin ૫kolun¹) amotritela²). Mia sa usen maazudi; Byzᵶǳugo ૫üRür bez fᵬᵬᵬm ૫ollei. Cᵤnᵬi ǧenazun izoun ǫnezexai, ie baba zaz iᵬᵬa Tifliza, ૫e૫inal zaz jaqᵤnebi; Tiflizun boi wuǧ usen kaltzuᵱi, muǧ klaᵬaz³) lamzubi, ǫ૫a arzᵶz iᵬdi bez Ralatu, ie zaz ucitel⁴) qᵬqᵤnbi; isa zu Nuzin ujezdun⁵) ૫kolun ucitelzu migi sᵬnqy useᵬne. Seqᵬrᵬi bez baba nᵬᵬa baztin duᵬzubeᵬa, cᵤnᵬi ᵬe૫ngon zaz Rᵬlᵬquᵬbo, kᵬlᵱesquᵬde, ᵬdᵬmᵬrquᵬbe. Bei Udiǧoi boᵬlan me cᵬǧal cirik sa ᵬdamar iene cᵬre, ie Ruzin muzen Rᵬlᵱesun, cᵬmᵱeᵬun ababᵬqᵬqo; amz za abaza Ruzin muzezo ǯok Gurǳin, Armeinun kickiciᵬl Tᵬiazun muz. Hᵬzᵬz muǧ bᵬe ᵱᵬqǫ biᵱeᵱᵱe usena Honwᵬrun meǧeᵱᵱetu bei Rᵬlᵬtuzo Rᵬǧzne ari, ie zu usin lᵬǧᵬz Tifliza; za tewᵬzt iᵬes iezᵬbaRi, ᵬmz za sᵬimᵬtazo ǫ૫a bez aᵬlᵬz ૫elgᵬz beǧi, Byzᵶǳuǧo ciᵬz kᵬlᵱi, zibᵬᵬmᵬt ǧena biᵬscǫel jᵬqᵬzu baici. Xibᵬᵬmᵬt, biᵱᵬᵬmᵬt, zoᵬᵬmᵬt jᵬqᵬlzu mᵬndi, ᵱᵬrᵬᵬki ǧena bilᵬzᵬrün ari bᵬzᵱi Tifliza. Jaqur gölö ǫcinel, ᵬeᵬ bᵬztin meᵬᵬz cᵬǧizubᵬRi. Zaz Nuzinazo Tifliza kᵬlquᵬᵱel Udin muzei baztin. Iᵱᵬzᵬᵬki ǧenazo burqi biᵱᵬᵬmᵬtᵬl cirik bᵬz ᵬᵬlᵬz cizᵬzjᵬᵬzi, Byzᵶǳuǧon barkᵬin, dᵬmᵬun iazǧe.

---

hatte, ob, damit man mich die armenische Sprache lehrte. Nachdem ich die armenische Sprache ziemlich erlernt hatte, brachte er mich zu einem georgischen Priester und ich erlernte die georgische Sprache ziemlich. Aber mein Vater sah, dass jetzt Russenthum ist; die russische Sprache sehr nöthig ist; deshalb brachte er mich nach Nucha, und übergab mich dem Inspector der Schule von Nucha. Hier blieb ich ein Jahr; Gott sei gelobt meine Fähigkeit war gut. Weil ich Tag und Nacht weinte, damit der Vater mich nach Tiflis brächte, schickte er mich hin; in Tiflis lernte ich sieben Jahr, beendigte acht Classen, dann gab ich meinem Vorgesetzten eine Bittschrift ein, damit man mich zum Lehrer mache; jetzt bin ich Lehrer der Kreisschule zu Nucha seit einem halben Jahre. Stets bete ich für meine Eltern, weil sie mich erzogen, unterrichten lassen und zum Menschen gemacht haben. Aus der Mitte unserer Uden ist bis auf diesen Zeitpunkt keiner hervorgegangen, der die russische Sprache zu lesen und zu schreiben verstanden hätte; ich aber kenne ausser der russischen Sprache die georgische, armenische und ein wenig auch die tatarische Sprache. Im Jahre 1854 den 18. Januar kam ein Papier an unsern Obern, dass ich rasch nach Tiflis käme; ich konnte zu der Zeit nicht reisen, aber nach einer Woche, da ich meine Sache gut angesehn, den Namen Gottes angerufen, begab ich mich Dienstag gegen Abend auf den Weg, Mittwoch, Donnerstag blieb ich auf dem Wege, am Freitag Mittag gelangte ich nach Tiflis. Die Wege waren sehr schmutzig, deshalb habe ich so gezögert. Man rief mich aus Nucha nach Tiflis wegen der udischen Sprache. Vom Freitag angefangen bis zum Mittwoch beendigten wir alle Dinge; wenn Gott es erlaubt, werde ich morgen reisen.

---

1) школа, Schule. 2) смотрель. Aufseher. 3) классъ. Klasse. 4) учитель, Lehrer. 5) уѣздъ. Kreis.

XIII.

Sa ᵽᵃ ait Udiġo laxo.

Wariaśenun adamargon exqun bez babanal exne, ie Udiġo ᵽadśaxluġ baneҟe, taxinn śaḥᵃrᵃl Bardᵃnei. Bᵃrdᵃ baneҟe Ganᴣuᵃqan Qarabaġun qaii, ama isa ᵽᵃsbaҟine, ić boᴣal sᵃ ᵽᵃ Talarun koᴣne bu. Etᵃrᵃ are, elᵃrᵃ iace, elᵃrᵃ ᵽᵘćbaҟe Udin ᵽadśaxluġ śetuġox Udiġo leqo aba. Armeinun Ćamćiin istoriin boᴣ exneesa Udiġo ᵽadśaxlnġ; te istoriin boᴣ camne elᵃrqun Udiġol ᵽadśaxgox Armeinun ᵽadśaxgoxol dawabe, caxece, xarᴣ iade, elᵃrqun puran ini aixere Armeingox caxne, lćuġoi baxtin dinᴣbaҟe. Motuġoxo ᴣoҟ zᵃ azaҟe Armeinun ᵽadśaxluġun kartia boᴣ Udin ᵽadśaxluġun sᵃḥᵃrᵃiax; te kartia boᴣ camne enᵃ Udin śᵃḥᵃrux, matuġoi ćiurġox ioxᵃ aba, ama motux abaxᵃ, ie tia Bᵃrdᵃᵃl bunei. Ewaxlta baҟe ie

---

In der Mundart von Nidsh:

Sᵃ ᵽᵃ ait Udiġoi laxon.

Wariaślnn amdargon nextun, bez bawanal nexe, ie Udiġoi ᵽadśaxluġ baҟene, taxlei śᵃḥᵃral Wardannei. Wardan baҟene Ganᴣinġan Qarabaġin ġate, ama isa ᵽᵃsbaҟene, ić boᴣal sᵃ ᵽᵃ Taᴣikin koćne bu. Heiᵃrᵃ herio, heiᵃrᵃ iacio, heiᵃrᵃ ᵽᵘćbaҟio Udin ᵽadśaxluġ, ᴣetgox Udiġon letun awᵃ. Armingoi Ćamöiin istoriin boᴣ came, heiᵃrtun Udiġoi ᵽadśaxgon Armingoi ᵽadśaxgoxon dawabio, caxecio, xarᴣ iadio, heiᵃrtun purum ini haixerio Armingox ćaxnio, ićġoi waxtin dinᴣalinᴣ baҟio. Metġoxon ᴣoҟ (ҟehri) zᵃ aҟezu Armingoi ᵽadśaxluġun karti boᴣ Udin ᵽadśaxluġun sᵃḥᵃrxo ᴣolgoi matxoi ćiurġox lez aba, ama totux awaxᵃ, ie tia Wardanal bunei.

XIII.

Ein zwei Worte über die Uden.

Die Menschen von Wartaschen sagen und mein Vater sagt, dass es ein udisches Reich gegeben und dass die Residenzstadt Barda war. Barda ist zwischen Gandscha und Qarabagh gewesen, jetzt aber ist es zerstört, und in demselben sind einige Tatarenhäuser. Wie das udische Reich gekommen, wie es gegangen und wie es vernichtet ist, dies wissen die Uden nicht. In Tschamtschian's des Armeniers Geschichte wird vom Reiche der Uden erwähnt, in dieser Geschichte ist geschrieben, wie die udischen Könige mit den armenischen Königen Krieg geführt haben, besiegt wurden, Abgaben bezahlten und wie sie wiederum sich erhoben, die Armenier besiegt, für sich (unabhängig) ruhig gewesen sind. Ausserdem habe ich auf der Karte des armenischen Reiches die Gränzen des udischen Reiches gesehen, auf dieser Karte sind einige udische Städte verzeichnet, deren Namen ich nicht weiss, aber das weiss ich, dass dort auch Barda war. Wann es gewesen ist, wissen wir nicht, das udische

ja aba, Udin padäaxluğ binein; isa Udiğoxo ḫq aixne maude, so Wariaten ioei Niš. Beṭ Udiğoi boš Armeinal baueKe Gurṣial; mano ḫai la Udin padäaxluğun iṣanebaKe Armenistana armeinluğqunbe, mano ḫai ie iṣanebaKe Gurṣistana Gurṣiluğ. Iaa beš aixun Warlaṣeaun boš Gurṣial bune, ama Nišmai Gurṣiux lene bu. Wariaṣeaun Gurṣiğon berquaqe Gurṣiluğbeaun ḫaᶻar muğ ḫaᶜ qa usamexo maḫᶻa. Armeinal Gurṣinal ieqo aba ja Armeinun max ja Gurṣinun mux. Bex baban xax ukanei eḷarie iᶜu itabaKe iä babaḳoxo. ie beš aixun boš waxnebeaai sa Iwan arKeren; me arKeren gölö Warlaṣeaun Udiğox xaᶜaaodi Gurṣin diunal serrebi gergee, mano haiaal xarabbaKl ᶜuᶇbine ᶜaḷaḳya beš, puran ᶜetin waxnebe Kyngyta, Zaxgita, Muxaxa qeiri gamğoxal; ḫaṛ gaau xaᶜaodi, serrebi gergecux, manor haiaal ḫṣabaKiqun; ama me aixurğox iaa Taxariuğne; me arKer Iwan gärik Mangliaun Iwan Episkop baKane, matin eḷarie xu kalxune Gurṣia Laḳuxğo boš, doğrine waxnebe Dagestana, beš gamğox qeiri gamğoxal.

XIV.

Wariaṣen aixun gödäg eamḫaᶇun.

Wariaṣen aix Nuxin oeaḷaḷie, Nuxinaxo taḡa beğ ᶜeğal ᶞm baneKo ḫᶏqo wiᶜ wexai. Me aixun gölö ᶄel, iᶄmᶄz xene; xaqaxal ini hawatabu. Beğ ᶜeğal, beğ buibaKal amᶏxo buruxne Kawkaxun burğoi damanᶐx. Wariaṣeaun oᶐel me burux ᶜixarrexaa, ema ianeaa buḷa, tema maauouaxol ḷᶄaᶐuneaa, aixri gär-

---

Reich fiel; jetzt sind von den Uden zwei Dörfer geblieben, das eine Wartaschen und das andere Nidsh. Früher sind unter den Uden sowohl Armenier als auch Georgier gewesen; welcher Theil des udischen Reichs nahe an Armenien gewesen ist, dieso übten Armenierthum, welcher Theil nahe an Georgien gewesen, Georgierthum. Jetzt sind in unserem Dorfe auch Georgier, aber in Nidsh sind sie nicht. Die wartaschenschen Georgier haben seit dem Jahre 1820 angefangen das Georgierthum zu bekennen. Sowohl die armenischen als georgischen Uden verstehen weder die armenische noch die georgische Sprache. Mein Vater erzählte mir, wie er selbst von seinen Vätern gehört habe, dass in unserem Dorfe ein Erzpriester Iwan gepredigt habe; dieser Erzpriester taufte viele wartaschensche Uden zum georgischen Glauben, baute die Kirche, welche noch jetzt zerfallen im Walde steht; auch hat er in Küngüt, Zazgit, Muchas und an anderen Stellen gepredigt; überall taufte er, baute er Kirchen, welche jetzt noch zerfallen vorhanden sind; aber in diesen Dörfern ist jetzt Tatarenthum; dieser Erzpriester Iwan muss der Bischof von Manglis sein, welcher, wie ich in georgischen Büchern gelesen habe, wirklich in Daghestan, in unsern Gegenden und an andern Stellen gepredigt hat.

XIV.
Kurze Beschreibung des Dorfes Wartaschen.

Das Dorf Wartaschen ist im Lande von Nucha, von Nucha wird es zur Sonnenaufgangsseite hin fünfzig Werst sein. Das Wasser dieses Dorfes ist sehr gut, rein, es hat stets frische Luft. Von der Sonnenauf- und Sonnenuntergangsseite ist ein Gebirge, Ausläufer

baḳi beaaqun ca Kalabarui Kawkazun. Kawkazun burǥel daʒaaǥozo aa p̣a Kalkala oreizauzae ḟeaa,
ꝏaoor suasuaa ǥärbaḲi beaaqun Wariáeaaa uʒ. Me ni sawerztheaa ja ǥölö ja ḳiꝗ oaeaa augaou, ḟiꝗ
ꝗirꝗe Warlaseaun adamarǥon bequn ǥoḳne baḲaa p̣a p̣ai, ao sizuu sa cꝗzqao aaa, aoai aa cozꝗ. Me
uʒaazo ǥoḳ aizuu boḉ ǥölö oreizaaruzae bu. Wariaáen muǥ bꝗc koʒao; p̣a bꝗc p̣a qowiꝗ Armeiaunae, bꝗc
p̣aꝗowiꝗ Gurʒia, zib bꝗc ʒuhaiuu, zibqo T'aiarua, p̣aꝗo Leḳei. Leḳur mia ǥälmäqun, auaiaǥon waxtnzo
wazt koḉqunbaḲsa qeirltuǥon saqaral aauqundeaa. Ilar dia mia iḉ baztia diaʒao. Warlaseaun boḉ p̣a
gergecaeba, ao Armeiaun, aoai Gurʒinun, p̣aal aaeḉid, ao T'aiaruu, aoai ʒuhaiaa.

XV.

Iwan Moroz[1]).

Se koʒin boḉ p̣a zinärqun Karzeaai, Kiabaloqaa laralo, áeiuǥo toǥolal Kalabaio. K'iabaio haqullu
zinArrei, damurǥinazo ainezaai, Iḉea Kalabalonui lanezai, gaauzo aizeri geaa aṭauz barreqaai, buzariḳa
aruzae aaKaai, ṭꝗmaz cꝗcꝗnezai, kuaz toʒaṃaezai, dadalaz uḲaeaeatai, ḟṭaal zeao Kurru zeaenḳae laiaa;
laralen geba me qaṭi gae boḉ baaneḳaai; damazo paiarzkun zäugnuz duqungeaa, aoao geaa baʒa ꝗurum-

des kaukasischen Gebirges. Am Ende von Wartaschen endigt dieses Gebirge; wie viel (die
Berge) nach Norden gehen, desto mehr nähern sie sich, endlich nachdem sie sich vereinigt,
bilden sie einen grossen Berg des Kaukasus. Von den Abhängen des Kaukasus gehen einige
grosse Bäche ans, welche, nachdem sie sich vereinigt, den wartaschenschen Fluss bilden.
Dieser Fluss fliesst etwa eine Werst oder mehr oder weniger zusammen, dann, wie es die
wartaschenschen Einwohner gemacht haben, trennen sich zwei Theile, der eine fliesst von
der einen Seite des Dorfes, und der andere von der andern Seite. Ausser diesem Fluss sind
in dem Dorfe viele Quellen. Wartaschen bilden achthundert Häuser; 250 sind armenisch,
150 georgisch, 300 jüdisch, 60 tatarisch, 40 lesghisch. Die Lesghier sind hier Einwande-
rer, einige nomadisiren von Zeit zu Zeit, andere leben beständig. Jeder Glaube ist hier für
sich ruhig. In Wartaschen giebt es zwei Kirchen, eine armenische und eine georgische,
und zwei Tempel, ein tatarischer und ein jüdischer.

XV.

Iwan Moroz.

In einem Hause lebten zwei Mädchen, eine Arbeitsame und eine Faule, und bei ihnen
eine Wärterin. Die Arbeitsame war ein kluges Mädchen, am frühen Morgen stand sie auf,
kleidete sich selbst ohne die Wärterin an, aus dem Bette aufgestanden aber machte sie sich
an die Arbeit, that Feuer in den Ofen, backte das Brot, reinigte die Stube, fütterte den
Hahn und darauf geht sie an den Brunnen nach Wasser; die Faule aber lag unterdessen

---

1) Rusa. Иванъ Морозъ, Hans Frost.

çurumaeaa, tokmaþinaxo tokmaþinal laraneexa; ewaxtie baakesunaxo boneto uaeko mer aepexamar: Kalabalo, ru çindakġox lapesta; Kalabalo, þaþuoġox ġaçþa; oþa gena uneko: bulki[1] iene boa? Ainexo; çupçupneko aralloco, þänþärinaþ tat xoqalbexan, ema þurþi are, emaal þurþi iace; orie biluntux xoqallebo taralen, ano ieta aba ekaqan eqi ekaqanalbi; ketu gane bot tu buqoi, baskexun gena ieta buqsa; ketu þän-þärinaþ tat xoqalbexan tu buqoi, ketinal xahlimax laaeħero; arcine, faqir, qaoallexa, bilunta laxoal aarþal-luġ nebaa, te ketu beiKefluġne, orie ukan meta boþ qeirior taxairluqun.

Meta qali Kinbalo kuane qalbaKsa; xonax çoronebaa, kirangun bot banexa; puranal etar çurumegalos, or xe açar iene, tabaþ Kaġuxax kankallebo, keta laxo laaexo Kömür, þaal KalKalatuġoxo, te Kaguxax laaexo kirangun boþ, baalleko keta laxo xe, xe gena, abaqawabaKsi, þae qalixo çenebaKsa, Kömürün qalixoal, açaral kirangun boþ çoreaexa, aiien xrustallai[2]); oþa gena Kinbaltin aneqo çindak aldane ja þarial karkane, Kano ie gena guxai boiane, ealbane, puranal burroqo Kinbala mäġnux; saal ketu beiKefluġ ione baKsai, keta ie beiKefluġa keta waxtal iene bui, gäh keta qostan, gäh þok aKla qostan, tia gena benġexa blaxalle, ġi çenebaKe.

Sa Kärän Kinbaltuxol xaiane lamandi: iacine kono xenenk xene Kurru, çaen suruknebi lekerax, ça gena kaçaecl, leker bineii xone Kurra boþ; mia orqan baKi? ọnenoþi fuġara Kinbaltin, laalleel Kalabaltuç

im Bett; längst läuten sie schon zur Messe, sie aber reckt sich noch, dehnt sich von einer Seite auf die andere; wenn sie des Liegens satt sein wird, spricht sie also nicht ausgeschlafen: «Wärterin, zieh mir die Strümpfe an, Wärterin, bind mir die Schuhe zu»; darauf aber wird sie sagen: «Giebt es keine Semmel?» Sie wird aufstehen, hüpfen, sich an's Fenster setzen, um die Fliegen zu zählen, wie viel herbei- und wie viel davougeflogen sind; wie die Faule alle gezählt haben wird, da weiss sie nicht, was sie vornehmen und was sie machen soll; sie möchte in's Bett, aber sie will nicht liegen; sie möchte an's Fenster gehen, um die Fliegen zu zählen, auch dies ist ihr zum Ueberdruss geworden; sie sitzt, die Armselige und weint, beklagt sich über Alles, dass sie lange Weile habe, als wenn dabei andere eine Schuld hätten.

Unterdessen kehrt die Arbeitsame nach Hause zurück; sie seiht das Wasser durch, giesst es in ein Gefäss; und noch wie erfinderisch! da das Wasser nicht rein ist, wird sie einen Bogen Papier zusammenlegen, darauf Kohlen schütten, auch Sand vom gröbsten, diesen Bogen in das Gefäss thun, und darauf das Wasser giessen, das Wasser aber, wisse, geht durch den Sand und auch durch die Kohlen und tropft rein in das Gefäss, mit einem Wort krystallhell; darauf aber wird die Arbeitsame anfangen Strümpfe zu stricken oder Kleider zu besäumen, ist dies nicht, so doch Hemde zuzuschneiden und zu nähen, und auch wird die Arbeitsame noch ein Lied anstimmen; nie hatte sie lange Weile, denn sie hatte keine Zeit zur langen Weile, bald hinter diesem, bald hinter einem andern Gegenstande,— schaust du aber hin, so ist es gegen Abend und der Tag vorüber.

Einmal geschah ein Unglück mit der Arbeitsamen; sie ging nach Wasser an den Brunnen, hing den Eimer an das Seil, das Seil aber riss; der Eimer fiel in den Brunnen; wie

---

1) Russ. булка, Semmel, 2) Russ. хрусталь, Krystall.

iö xatiaaıqaa Kąmbaxilugax ukaaa. Proskowja Ealabalo sor lüad aȝakoąnei; aaae: xalimax unąube, uaal dyxba; uaaa lakeraı bamala, uaal bapaabal Ekal laae bul baae. Fuģara Kiabalo puran iaaeci xene Earruȼ, ȼaax kanaφl, aetin oqa ciriae iumel eirïk. Mia aetul mal aaae lamaadl; aaȝaȝnei cire, beneģaa iö bet tarna, iarnin bot geaa arciae pirog¹), sor çoçąbaXi, apeabaXl, arciae, taģa maȝa nebeģaa, exallo: «xu laφ bazirva, çoçąbarEe, apeabarEe taEarenqaa qari tulen; sia xaı larniaaxo aaeqo, soaoal xaxol laneģo.» — K'inbalüa kiçiqaa çąģinuibi, aaeqi kodlaax, pirogax ciaecéri laallexi aetux qoliuģaa oqa. — Sono laaeaa taģa: iö bet paX, paXaa botal éurþiae xod, xodia laxo geaa quxalun eturgoa xaxalmuģoa taȝaquaexa, iöuģo botal exquo: jaa xeba, api eȝurjaa, xodia iumon jaa uXesteja x, ȼax xoea jaa oçkalþe; sia jaa xoJduxo xykaedo, setiaal jaı köaak aaeqo. — K'inbalo iȝaae ari xodaȼ, ȼikaaxo aetux xykaedi, quxalun eȝarux geaa sor aetuȼ damaaoa bot bariqua. K'inbalo laaeaa taģa; beneģaa iö bet arciae qoȝa Moroz Iwania ģar, aaléal; arciae sono ȼaxoai dyEaaya laxo; yțnai quruçaxal uaeExa, ber cafaesla, þopurgoxo Eane barsa; adduxo qaqaaesa, boçu buȵ barresa. A, þine setin, durustluȵen Kiabalo; raxizu, ie un xenk pirogau ȼeri; damaxo xu eXal gam iex Ee. Mia aetin Kinbalux arceanedi iö loĶol, setuȵoaal naeilquabi sagaaa pirogaxo quxulun eȝeaal ȼäräxquabl. — Abaxa xa, ua aleakau are, þine Moroz Iwaaia

sollte es hier werden? die arme Arbeitsame weinte und ging zur Wärterin, um ihr Unglück und Elend zu erzählen. Die Wärterin Proskowja war so böse und zornig; sie sagt: »Das Unglück hast du selbst angerichtet, mache es auch wieder gut; selbst hast den Eimer du versenkt, hole ihn auch selbst!« Es war nichts zu machen. Die arme Arbeitsame ging wiederum zum Brunnen, packt das Seil, an diesem kam sie nach unten bis auf den Boden. Hier begab sich mit ihr eine wunderbare Sache; kaum war sie angelangt, sieht sie vor sich einen Ofen, im Ofen aber sitzt ein Kuchen, so roth geworden, so gebraten, er sitzt, er blickt hin und her und spricht: »Ich bin ganz fertig, ich bin roth geworden, gebraten mit Zucker sammt Rosinen; wer nicht aus dem Ofen nehmen wird, der wird auch mit mir gehen.« — Die Arbeitsame, damit sie nicht im geringsten zögerte, ergriff die Schaufel, nahm den Kuchen heraus und steckte ihn unter die Achselhöhle. — Sie geht weiter dahin: vor ihr ist ein Garten, und in dem Garten steht ein Baum, auf dem Baum aber schütteln goldene Aepfel die Blätter und sprechen unter sich: »wir sind saftige reife Aepfel, wir haben uns durch die Wurzel des Baumes genährt, uns mit Eisthau gewaschen; wer uns vom Baume schüttelt, der wird uns auch für sich nehmen.« — Die Arbeitsame näherte sich dem Baume, schüttelte ihn am Ast, die goldenen Aepfel aber fielen so zu ihr in die Schürze. Die Arbeitsame geht weiter dahin; sie sieht, vor ihr sitzt der Greis Moroz Iwan's Sohn, grau, grau: er sitzt auf einer Eisbank und isst Schneehäufchen; er schüttelt das Haupt; von den Haaren fällt der Reif herab; vom Athmen holt er Luft, dichter Dampf ergiesst sich. »O,« sagte er, »mit Wohlsein, Arbeitsame; ich bin zufrieden, dass du mir den Kuchen brachtest, lange habe ich nichts warmes gegessen.« Da setzte er die Arbeitsame an seine Seite, und sie hielten zusammen ihr Frühstück vom Kuchen und assen zum Dessert von den goldenen Aepfeln. — »Ich weiss, weshalb du gekommen bist,« setzte Moroz Iwan's Sohn hinzu; »du

1) Rass. xapora.

ģaren; on bez čaz zene Korra boš ašķen zene lekeraz; zastuna wa leker iazdo, aa ie un za Kateak zib ģi qullugba; haqulluu baķo wenkne šel; zarallu baķo, wenkne oŗaa. Iza geaa, Moroz Iwaaiu ģaren abuzbine, zenk, ahilenk wazlle mandakluģ aqavn; iaķe zenk ganuz bazirba; aaal beģa, šelģer bilalaz zaplappa.» K̓ inbaltiu imuzne lazl; šonor iaqunri kuz.

Moroz Iwaaiu ģarra koʒ bilun zerecinei čazuuzo: cymzozal, p̌äz̦z̦räuzal polal[1]) daznai, baruģo lazo geaa zerewkecene yʒnai zabunurģen; šelugoi lazo beģen zazaestai, biiuntinai koʒiu boš čawnestai brilliamtģen kenz. Moroz Iwaaiu ģarra gane lazo bilalun gala biliaei, poplu yʒ; mine, ekaa genz bo's K̓ inbaltiu aneqi laplapkane yʒnuz, le ahila juwuqao baķi baskeavn, meta quil genz šetai, fuģarin Kulur oqonalle çureci; kaz̦imuzal maçinebaķi fuģara adamarģoi kenz, matin ie yʒenz ochalkaia partalqun lag̦aldezz; mialle, muz̦eual cpelle dugz̦a, oqkal furlalal čaznez̦go maʒkenz čurbine, ekaa genz bo, az̦qunbezz, fuģara adamarģon. Ekal ienebu, p̌ine Moroz Iwaaiu ģaren, kaz̦imuģoz yʒen ɦurp̌a, hazor çenebaķo; čaznuzo ien qaribaķo. Zu, zo, šel ahilzu; beģa ie eiŗr maimandala aŝura bu zazlz. Mia šetin alaoebi ié yʒnai bilalaz laifazol; Kinbaltual ztuK̓ ie bilalun oqazo goģin one ɦeaa. K̓ inbaltiu fuģara o bɦifne zri.—
Aha, un eznu, p̌ine šetin, ie zu šel ahilzu, ezeok genz un goģin oaz yʒnz bilalun oqa efaa; Byzz̦ugo zz̄ib

---

hast den Wassereimer in meinen Eisbrunnen geworfen; ich werde dir den Eimer wohl geben, nur dass du mir dafür drei Tage dienest; wirst du klug sein, ist es dir gut, wirst du thöricht sein, so ist es dir schlecht. Jetzt aber,» fügte Moroz Iwan's Sohn hinzu, «ist es mir, dem Alten, Zeit auszuruhen; geh, bereite mir das Lager, und sieh nur zu, klopfe mir das Kissen gut auf!» Die Arbeitsame gehorchte; sie gingen beide in's Haus.

Das Haus des Moroz Iwan's Sohns war ganz aus Eis gebaut, die Thüren und die Fenster und der Fussboden waren von Eis, auf den Wänden aber war es es geschmückt mit Schneesternen; auf ihnen glänzte die Sonne, und alles im Hause schimmerte wie von Brillianten. Auf dem Bett des Moroz Iwan's Sohns lag statt des Kissens flaumiger Schnee; es ist kalt, aber was wirst'du machen! Die Arbeitsame begann den Schnee zu klopfen, damit es dem Alten weich sei zu liegen, unterdessen erstarrten die Hände der Armen (zu Knochen), die Finger wurden weiss, wie bei den armen Menschen, welche im Winter die Wäsche ausspülen; es ist kalt und der Wind schlägt in's Gesicht und die Wäsche wird zu Eis und steht wie ein Pfahl, was wirst du aber machen, sie arbeiten die armen Menschen. «Es ist nichts!» sagte Moroz Iwan's Sohn, «reibe die Finger mit Schnee, so geht es schon vorüber, vom Eis wirst du nicht verdorren. Ich, wisse, bin ein guter Alter; schau, was für wundersame Dinge bei mir sind!» Da hob er sein Schneekissen mit der Decke auf; und die Arbeitsame sah, dass unter dem Kissen grünes Gras hervorkommt. Der Arbeitsamen that das arme Gras leid. «Ach, du sagst,» sprach sie, «dass du ein guter Alter bist, weshalb aber hältst du das grüne Gras unter dem Schneekissen; du lässt es nicht an Gottes Licht.» — «Ich lasse es deshalb nicht, weil es noch nicht Zeit ist, noch ist das Gras nicht zu Kraft

---

1) Russ. полъ, Fussboden.

lou bareza. T'es bareza, seto le hąlą waxt lene; hąlą o xorru iene baice. Šel irąhaieu setux paizazo binete, somoal ¢oreme, ägür soso ¢e¢ulalgimoi, yten ¢etuz bimeqoi, zoßyląl e lene apoi. Migi zu, bozomebi sitaz Moroz Iwanin ¢aren, butzuki ¢ahü goginaz bez ytna bitalen, hąlą ¢eto laxo baszuki, ie museu ytaui maqaa ¢aabi. Migi dāi zoßyl enoßo, bez ytna bital zenebaKo, oen bul ¢imo¢o, tia gena, beaßo, dąninenal bemeßo, dąninaz gena irąhalen girrobo zomoal iaueto, zomozbaßaltin berrezo, baalleKo bari; un gena, Kinbalo, hąrimoro tumeu bado. — Poi, za ußa, Moroz Iwanin ¢ar, ßine Kinbaltin, eteuknu un zene Kurra bot arce? — Šeleukzu zene Kurra bot arcesa zu, ie dāi zoßyl ißa enesa, ßine Moroz Iwanin ¢aren; zu ı¢arix baKea, wa gena awwax, le zoßylal zene Kurra bot mine baKsa; ¢etuxo zene Kurra bot zeal ¢axne, buwaqea gölö ingāe ı¢arix zoßylyn qali baKane. — Eteuknu un gena, Moroz Iwanin ¢ar, Kinbaltin zabarro aqi, ytena jaqurmußen ¢ursa, ßāu¢ārinazal irąqindem? — Šeleukzu ßāu¢ārinaz irąqista, ¢ußabaebi Moroz Iwanin ¢aren, le ixomaqaqo ¢eri buzarika aruz baqun, buzarikun desikazal waxiel butkaqun, Kor la gena, zo, za abaza baqun ¢eiąr bą¢amąqriux, le buzarika aruz suKsuna zaquaKo, desikaz butkesuna gena lequn butho, ja butalqunko, ama iô waxttu le; tewaxt hąlą biiun Kömür bohl ienabaKo; Katuxo gena oiaßua bot Kömürün addebaKo, adamari bul qą¢ueza, ßul goginne baKsa, laß Kömürün adduzo biesan baneKo. Puran setenk zu ßāu¢ārinaz irąqista, ie adamarßen ixomaqaqun ¢ewhi, ie

---

gekommen. Ein guter Bauer hat es seit dem Herbst gesäet, und es ist aufgegangen, und wenn es hervorkäme, würde der Winter es packen, und im Sommer das Gras nicht reifen. Da habe ich,« setzte Moroz Iwan's Sohn die Rede fort, »das junge Grün bedeckt mit meinem Schneekissen, und mich noch darauf gelegt, damit der Wind den Schnee nicht zerstreue. Da wird der Frühling kommen, mein Schneekissen zu Wasser werden, das Gras den Kopf herausstecken, dort aber, schau, auch ein Korn herausschauen, das Korn aber wird der Bauer sammeln und in die Mühle führen, der Müller es mahlen und es wird Mehl werden; du aber, Arbeitsame, wirst aus dem Mehl Brot backen.« — »Gut, sage mir Moroz Iwan's Sohn,« sagte die Arbeitsame, »weshalb du in dem Brunnen sitzest?« — »Deshalb sitze ich in dem Brunnen, weil der Frühling näher kommt,« sagte Moroz Iwan's Sohn; »es wird mir heiss, du aber weisst es, dass es im Sommer auch im Brunnen kalt ist; daher ist auch im Brunnen das Wasser eisig; wenn es auch während des überaus heissen Sommers sein sollte.« — »Weshalb aber, Moroz Iwan's Sohn,« fragte die Arbeitsame, »gehst du im Winter durch die Gassen und klopfest an das Fenster?« — »Deshalb klopfe ich an das Fenster,« antwortete Moroz Iwan's Sohn, damit man nicht vergesse Feuer in den Ofen zu thun und das Ofenloch zur Zeit zu bedecken, wo nicht aber, wisse, ich weiss, es gibt so Rückendürre, dass sie zwar Feuer in den Ofen thun, nicht aber das Loch zudecken, oder sie decken es auch zu, aber nicht zu rechter Zeit; wenn noch die Kohlen nicht ausgebrannt sein werden, daher aber entsteht in dem Zimmer Kohlendunst, der Kopf der Menschen schmerzt, das Auge wird grün, sogar kann man von dem Kohlendunst sterben. Ferner klopfe ich deshalb an das Fenster, damit es die Menschen nicht vergessen, dass sie in warmen Stuben sitzen, oder einen warmen Pelz anziehen, es aber in der Welt Bettler giebt, denen es

tonor gam olaǧǧo boš arcesqun ja gam KürKqun laexa, ama dynimih besaline bu (Kąaibae bu), matugo ϩteua mine, matugoi KürK tenebu, etia qaquaal uțax aqI; migi etankru zu pünϩürinax iraqista, io adamarǧon Kąsibǧo KömöK baKmna ixo maqaqun ȼawKi. — Mia šel Moroz Iwania ǧaren Kinbaltaš bex lenedi Kin, basalleki nejar exan iö yțna ǧane laxo. — K'inbaltin meta qeti bitua Koϩe boš ǧirrabi, iaaeeI asbaxxaaina, oxạllax hạxirrabi, ǎhilua pariaIax jamaluǧaabi oȼeeI parialaxaI kapaedi. AbiI moǧorrebaKi, biiuatuxo ingǎa poinebaKi, KinbaltuxaI ramiluǧuebi, ọțą tonor arqunci biläzKrǎn tumaI; supra šawẵttel, abuz šellel marotina¹), matux ạhilea iȼeaa hạxirbei. — Mer Kinbalo Moroz Iwania ǧaren toǧoI Karrexi iaram xib gi. Uip uKaI gi Moroz Iwania ǧaren Kinbaltux pine ramiluǧ; an haqillu xiaǎr, un zax ǎhilax šellu uk IastaI, a xuaI wI toǧoI borϩna boš maandaI iez. Wa abawax, adamarǧon Kin asbexunaa bestin iǎngǎqun aqsa. Mer migi wa wi xene leKer, lekerun boš ǧexa zu Iaram muȼą gümišűn ϩoqiliniǎǧ zu bąϩe; metuxoaI ϩok migi wa ix baǶesaneaK brilliaat dǫełuǧą cuxtesaa. — K'inbaltin ramiluǧuebi, briIIiantax cuxaedi, lekerax aaeqI, puran iaaecj xene KurruȼKą, ȼaax binaqI ȼerlalle Byxϩϩyǧo xataaI. Anϩaǧ ie šono Kua iϩabaKalaaebaKi, or dadalea, matux šetin hamaǎa uKexnextai, šetnx aKi, myqnebaKi, hurrepI ȼalla Iaxo. cyǧiallepI: qiqiliqiI qiqiliqiI K'inbaltai lekerun boš ϩoqiIinIuǧaxne bu. — Ewaxi Kinbalo kuane ari, piaIIe eka šetuxoI baneKei, KaIabaIo ingǎa mattemandi, ọțąaI pine: Migi beǧxaa un, larnI, adamarǧon Kin besuneaK ekaqun aqsa. TaKu aje išea toǧoI, quIIuǧaIba šetu, asba, šetu otaǧun boš ǧirba, asbaxxanina

---

im Winter kalt ist, welche keinen Pelz haben und auch nichts, womit sie Holz kaufen könnten; sieh, deshalb klopfe ich an's Fenster, damit die Menschen nicht vergessen, den Dürftigen zur Hülfe zu sein.» — Da streichelte der gute Moroz Iwan's Sohn das Haupt der Arbeitsamen mit der Hand und legte sich schlafen auf sein Schneelager. — Die Arbeitsame sammelte indessen alles im Hause, ging in die Küche, bereitete die Speise, besserte die Kleider des Alten aus und flickte die Wäsche. — Der Alte erwachte; mit allem war er sehr zufrieden, sagte der Arbeitsamen Dank, darnach setzten sie sich zum Mittagsbrot; das Mahl war gut, vorzüglich gut war das Gefrorene, welches der Alte selbst bereitet hatte. — So lebte die Arbeitsame bei Moroz Iwan's Sohn ganze drei Tage. Am vierten Tage dankte Moroz Iwan's Sohn der Arbeitsamen: «Du bist ein kluges Mädchen, du hast mir, dem Alten, das Herz erfreut, ich aber will bei dir nicht in der Schuld bleiben. Du weisst, dass die Menschen für Handarbeit Geld erhalten. So sieh, da ist dein Wassereimer, in den Eimer aber habe ich eine ganze Handvoll silberner Fünfkopekenstücke gethan, und ausserdem sieh da zum Andenken dir ein Brilliant, um das Brusttuch zuzustecken.» — Die Arbeitsame dankte, steckte den Brilliant an, nahm den Eimer, ging wiederum zum Brunnen, packte das Seil und kam hervor an Gottes Licht. Kaum dass sie sich dem Hause näherte, so sah sie der Hahn, den sie immer gefüttert hatte, er wurde froh, flog auf den Zaun und krähte: «Kikiriki! kikiriki! Im Eimer der Arbeitsamen sind Fünfkopekenstücke.» — Als die Arbeitsame nach Hause kam und sagte, was mit ihr geschehen war, wunderte sich die Wärterin sehr und sagte darauf: «Da siehst du, Faule, was die Menschen für ihre Handarbeit erhalten.»

---

1) Russ. морoженое, Gefrorenes.

ḣazirba, p̧arialax jamalugba, oçeci p̧arlalaxal kapta, ʒor emal muça xoqilialuguxau aqo, somo gena gaaune baḣo, jaxta axix ƶemenk üngä malle.» — T̃arala ingün tamen lenobaḣi laƒanei ahilun toƒol aäbesan, a äetu butuqxai aqanei xoqilialuƒux ƒoral brilliamtan saũƶagax. Migi Ḣiubalo kema laral lameci xeme kurruç, çaax bimeqi, saal irr-rp̧ ium iumel. — Benoƒxa äeta bệạl iarna, iurnia boä gema arcine pirog, ʒor çoçạbaḣi, apesbaki, arcine, taƒa maƒa nebeƒxa, exalle: xu lap̧ ḣazirxu, çoçạbaxḣe, apesbaxke sạḣạrenqan qari talen; äin xax larninaxo ameqo, äomoel xaxol ianeƒo. T̃aralen gema ƶuƒabmebsa: ho, bậliḣ ḣor iea; xu xax mamdakbax, kodimax alabax, saal buxarika boxobaḣax: buwaqo, iä çuppi çenƒo. — Šomo iamexa taƒa, äeta beậ p̧aḣ, p̧aḣan boäal äurp̧ine xod, xodia laxo gema quxalun eäurƒon xaxalmuƒon taƒaquaexa, ieuƒo boäal exqum: jan xeba, api eậur jan, xodin lumen jau uḣentejax, äax xoen jan oçḣalp̧e; äin jax xodduxo xyknedo, äetimal jax iéenk ameqo. — Ho, bậliḣ ḣor iea, ƶuƒabmebi iaralen; xu xax mamdakbaz, ḣulur-ƒox alabax, çiḣurƒoḋ boxobaḣax, girbes baxaḣo or iäuƒon baroqua.» — Čemebaḣi laral äetuƒo toƒoxo. Aha äomo bamep̧l Moroz Iwanin ƒarel cirik. Ạhil beận kema arcinel äaxmal Ḣürxin laxo, yỵns qurnçaxal qaậ-qaậuexai. — Eka wa laxum, xinür, xabarre aqi äetin. — Wi toƒol xu are, ƶuƒabmebi iaralen, qullugbax, äẹma galaal aqex. — Gemua p̧i un, xinür, ƶuƒabmebi ahilen, äema baxtin üngü bamep̧o, anƶaƒ beƒen: eiạrn baḣo hạḷạ wi äet. T̃aḣe iap̧ta bex biialax, qụ̣ạ ọạ̣l ḣazirba, bex p̧arlalaxal jamalugba, oçeci p̧ar-

<hr />

Geh zum alten Mann, und diene ihm, arbeite, räume in seiner Stube auf, in der Küche bereite du, bessere seine Kleider aus, und flicke seine Wäsche, so wirst auch du eine Handvoll Fünfkopekenstücke erhalten, dies aber wird zu Statten kommen, bei uns isţ zu dem Feiertage Geld wenig.» — Der Faulen war es nicht nach dem Geschmacke zum Alten zu gehen und dort zu arbeiten, sie wollte aber Fünfkopekenstücke erhalten, sowie auch eine Brilliantnadel. So wie die Arbeitsame ging auch die Faule zum Brunnen, packte das Seil und flugs kam sie nach unten. Sie schaut und vor ihr ist ein Ofen, in dem Ofen aber sitzt ein Kuchen, so roth geworden, gebraten, sitzt er, blickt hin und her, und spricht: Ich bin ganz fertig, roth geworden, bin gebraten, mit Zucker sammt Rosinen; wer mich aus dem Ofen nehmen wird, der wird auch mit mir gehen. Die Faule aber antwortete: «Ja, vielleicht ist es nicht, ich soll mich ermüden, die Schaufel aufheben und noch in den Ofen mich recken: willst du, so wirst du selbst hinausspringen.» — Sie geht weiter, vor ihr ist ein Garten, in dem Garten steht ein Baum, auf dem Baume aber rühren guldene Aepfel die Blätter und sprechen unter sich: «Wir sind saftige, reife Aepfel, wir haben uns durch die Wurzel des Baumes genährt, uns mit Elsthau gewaschen; wer uns vom Baume schüttelt, der wird uns auch für sich nehmen.» — «Ja vielleicht ist es nicht so,» antwortete die Faule; «ich soll mich abquälen, die Hände erheben, zu den Aesten mich recken, ich werde sie sammeln können, wie sie selbst fallen.» — Die Faule ging daran vorüber. Da gelangte sie bis zu Moroz Iwans Sohn. Der Alte sass wie vorher auf dem Fissitz, und ass dabei Schneeklümpchen. — «Was ist dir nöthig, Mädchen,» fragte er. — «Ich bin zu dir gekommen,» antwortete die Faule, um zu dienen und Arbeitslohn zu erhalten.» — «Richtig sagtest du, Mädchen,» antwortete der Alte, «für Arbeit giebt es Geld; nur lass uns sehen, wie noch deine

lalaxal kapkapta.» — T'aral laneci, jaqalal xlallabsa: burxuqo xu xax maadakbax, kaximuǧoxal ǒaxewkax! baǨǨ ǎhilea ioue mahlumbi, nuїiaþti biïalua laxoal nepax ocil» — Ahilea xerxeri ïeue mahlumbi ja iǒux auimahlumbala ganuae laxl, baxaeki gaae boǐ nepaxneecl; iaral gena laneci axbaxxaniax. — Arine xxbaxxaniaa ama ieiu aba ekxqaa bi. Šetu uǨxua ǒaluqxa, ama fiǨixbaue, elxra qxxl þaxixbaǨxa ǒoxo ǒeta bexal ieue baǨe, iaxaliuǧallel ǒetu baǨxa boǧaaei. Migi ǒetin þex qaiueþi, laxue ǒeta boǐ gogiaal, eqal, ǒalial, oqoal gordieaxal Keǯeal, bïtua þexabea. Migi ǒetin xiallebi, xiallebi, or buae goginax iämüxaebi, eqauxqxa ǒalinax kaçkaçnoþi, ama ie iǒu Ǩala ǯaþa nuїiadana, ǒeta elxr bilua buaei oçeclo, autoçeclo ǒor laaexi kolawarua boǐ goginaxal, eqxxal, ǒalinaxal, gordiexxal[1]), puxaa Keǯeal banoþi; iǒen gena fiǨirrebxa: etex xa ǯaþa laxta, þax xxlax ǯok boxax; buǨuxiþ, xo, bilua xagaae baǨelle. — Migi ahil moǧorxabeǨi, buteqi bilǎxǎrüa ǩum uǨaua. T'aralea xorxebi kolawarax or buaei, xuþrinaxal þalx leue xaǨe. Moxox Iwaaio ǧaxen tamaux beaeǧi, kodaǧox cineþi, ǯaea gena ǒor xxp-xxpalleþi ǒeta aluxǧo boǐ. «Šellu ua þaxixbexa, gyxgyxþi mahlumaebi ǒetin; beǧea elxra baǨo wi ǯok xǐ.» — T'aralea tamaux beaeǧi, ama te xahalxa cxalleþi, ahilea gena leïteþi, leïteþi, aaeqi iǒen qxxllax þxxirbaue, bilǎxǎrüa þumax ǒor ǒel xerxebi, ie laxalea, qeixilx xexbitax Ǩxi kaximuǧox lamaeexai. Bilǎxǎrüa þumaxo oǩx, ahil puxaa maadakaqxua baxaeki ababaǨexxlledi iaxaia,

Arbeit sein wird: Geh, klopfe mein Kissen, darauf bereite die Speise, bessere meine Kleidung aus und flicke die Wäsche.» — Die Faule ging und auf dem Wege dachte sie: «Werde ich mich abzuquälen anfangen und meine Finger erkälten! vielleicht bemerkte es der Alte nicht, auch auf dem nichtgeklopften Kissen eingeschlafen.» — Der Alte bemerkte es in der That nicht oder stellte sich so, als bemerke er es nicht, legte sich auf's Lager und schlief ein; die Faule aber ging in die Küche. Sie kam in die Küche, aber wusste nicht, was sie thun solle. Sie will essen, aber zu denken, wie die Speise zu bereiten, dieses war nicht in ihren Kopf gekommen, und es war auch Faulheit von ihr, zuzuschauen. Da wendet sie ihr Auge, es liegen vor ihr Grünes und Fleisch und Fische und Essig und Senf und Säure, alles in Ordnung. Da denkt und denkt sie, wie es ist, reinigt sie das Grüne und zerschneidet das Fleisch sammt den Fischen, aber damit sie sich keine grosse Mühe gebe, so legte sie, wie alles war, gewaschen ungewaschen, also in den Kessel, sowohl das Grüne als das Fleisch und die Fische und den Senf und goss noch Säure darauf, selbst aber denkt sie: weshalb soll ich mir Mühe geben, jede Sache besonders kochen; im Magen, wisse, wird alles beisammen liegen. — Da erwachte der Alte, wollte das Mittagsbrot essen, die Faule trug die Kasserole, wie sie war, herbei und hatte kein Tischtuch hingelegt. Moroz Iwan's Sohn kostete, runzelte die Stirn, der Sand aber knisterte so in seinen Zähnen· «Gut bereitest du.» bemerkte er lächelnd, «lass uns sehen, wie deine andere Arbeit sein wird.» — Die Faule kostete, aber sogleich spie sie aus, der Alte aber stöhnte, stöhnte, fing selbst an die Speise zu bereiten und richtete das Mittagsbrot so gut an, dass die Faule, das vom Andern bereitete essend, ihre Finger leckte. Nach dem Mittagsbrot legte sich der Alte wiederum

---

1) Russ. ropчица, Senf.

ie šetu ṗarial jamalugiesabaǩe oçeci ṗarialal kapkapienecere. T'aral ṗuṭneeci, ama ekaqan ba; aneqi çakkane ṗarialaxqan oçoǵal ṗarialax: mial xaiane, ṗarial bisi laralen jamalugbene; ama orqun šetux ebsa, meta baxtin xabaral iane aqe, aqalaacbaǩi beǩaux, xomaoilugaxo gena taqneeci, šoral eiux bo-neal. — Ạhilen gena puran šorie ekal mahlum ieaebi; laralax kalleṗi biseunun ṭumax uǩaan, puran ne-paxesanal šetux laaexi. T'arala gena šono Ǩefenalle, xialle iċen: bạlikạl meral çeaebaǩo; iċbengioanei xuaċen iċ laxo ʒafa aqane; ạhil šolle, šetin za šelạrạl auǩạ qoqilinlugmugox bagišlamišnebo. — Xib ukal ǵina laral enesa, Moroz Iwanin ǵaraxoal benessa šetux kuaqaa barti; asna baxtin bagišlamisqanbi. Ekaa wi aš, xabarre aqi ạhilen, ǎgǎr aš serinalle iaci, šor buqun un za iadan, šete le un len zenk asbe, ama xux wa qullugbe. — Ilo, siạr, ʒagabnebi laralen; zu, xe, wi toǵol saǩ xib ǵiz Ǩarxe. — Abawax, gögǎr, qaxneṗi ạhilen, zu wa ekaz uko: Ǩarxesaaqan qullugbesun ʒokne, asal asauxo ʒokne. Metux mah-lumba; beš laxumne baǩo; ama, qeirike, ǎgǎr, namusen otbetestain. za wa bagišlamišaubo, elạrạl wi asaei. šeiạrạl baǩalle wa ṗešǩǎš. — Me aiiurmuǵo boš Moroz Iwanin ǵaren larala Ǩala gümišün gür-dümne iadi, saǩi gena Ǩala brilliant. T'aral šorre metu muqbaǩi, ie kaṗneṗi šetuxal te sentuxal, saal ie ạhila rạzilugbi, iineteri kua. — Kua arine ögmišallebaǩaa: Migi, ṗine, ekaz za asbi aqe; xunċe laǩ

---

zur Ruhe, erinnerte aber die Faule daran, dass seine Kleidung nicht gebessert und seine Wäsche nicht geflickt worden war. Die Faule hatte sich getäuscht, aber was war zu machen: sie fing an die Kleider und die Wäsche auszusuchen; auch hier ist ein Unglück, alte Kleider hatte die Faule ausgebessert, aber wie man sie näht, deswegen hatte sie nicht gefragt, und sie nahm zwar eine Nadel, aber aus Ungewohnheit stach sie sich, und so warf sie dieselbe fort. — Der Alte aber bemerkte wiederum gleichsam nichts; er rief die Faule, um das Abendbrot zu essen, und legte sich noch schlafen. Der Faulen aber war dies erwünscht, selbst dachte sie: «vielleicht wird es auch so vorübergehen; es war eigene Lust, dass die Schwester die Mühe auf sich nahm; der Alte ist gut, er wird mir auch so umsonst Fünfkopekenstücke zum Geschenk machen.» — Am vierten Tage kommt die Faule und bittet von Moroz Iwan's Sohn, dass er sie nach Hause entlasse und ihr für die Arbeit ein Geschenk mache. «Welche ist deine Arbeit,» fragte der Alte; «wenn die Sache auf's Wahre hinauskommt, so musst du mir geben, weil nicht du für mich gearbeitet hast, sondern ich dir gedient habe. — «Ha, wie,» antwortete die Faule, «ich habe, wisse, bei dir ganze drei Tage gelebt.» — «Weisst du, Faule,» antwortete der Alte, «was ich dir sagen werde: leben und dienen ist verschieden und Arbeit und Arbeit sind verschieden. Dies merke: in Zukunft wird es nützlich sein; aber, übrigens, wenn dich das Gewissen nicht beschämt, — will ich dir ein Geschenk machen, und wie deine Arbeit war, so wird dir auch der Lohn sein.» — Während dieser Worte gab Moroz Iwan's Sohn der Faulen eine grosse Silberbarre, auch aber einen grossen Brillianten. Die Faule wurde so froh, dass sie sowohl diesen als jene ergriff und auch dem Alten nicht dankend nach Hause lief. — Sie kam nach Hause und rühmte sich: «Sieh,» sagte sie, «was ich erarbeitet habe; «ich bin nicht der Schwester gleich, es ist nicht eine Handvoll Fünfkopekenstücke, auch nicht ein kleiner Brilliant,

lez, muçá xoqilialaguxargu la; kiçial brilliant le, ama saß gümiśûn gürdûmue; oh eŧar bya, brilliautal maśtûn azix ßimxoeuk aqal lni.» — Ama ailpl lene éixaxxi śetin, or gümiśûn gürdûm xeuebaKi; barialle oçałąl; śono ekal lenei, or ßüä, mano éaxneecel oṡtawar minaxo; le waxtal berreqi brilliant xebaKane; dadal gena þurþi éalla laxo, eṡtawaral çyŧyueþi: qiqiliqi, qiqiliqi; iaraluu KexurŧoE éaxne bexurne.

XVI.

Ų́çei tata łapan.

Burowun bip ajelle bui: Karp, Boris, Paraṡa, Annuṡka. SaKärün śetin śetuŧox þine: imux laxanau ailyx, śu waxo akuça damdam yx sahaial alnexo, Kor, le śetux moŧorbexun letubuqo, śetu beiußne baKo. Ailyxŧon malluŧen imuxquu laxi. E beiuŧe baba, xabarre aqi Paraṡan. Waxtlu alxa, þine baban, léu abawaKo e beinŧa. Halbaile ru halą yx sahalal cirik aixuxo ef KömöKnui çyŧyueþi Paraṡan. Zual Kor, xual Kor, çyŧyqunþi biiuntoŧön. — Wiç sahaleu duneŧi. Nepax esunun taŧala waxi arine, śeluŧon biiuntia baba baqoqi śel śu, ailuŧoxo hartinal purxu þiqun śetu: awaKo, baba, le akuça damdamun yx sahalal turmuŧe laxo beKalxu. Ailyx bilun basquuki nepax esau, hartinal nepax esunaxo beṡ exquai icuŧoça: yxtai qio, yxtai qio. Borisen camalleþe iö taxta laxo meça kulen: akuça damdamun yx sahaiun qiotu

sondern eine ganze Silberbarre; o wie schwer, und der Brilliant wird doch wie die Faust sein; damit kann man für die Feiertage neues kaufen.» — Aber sie hatte noch nicht mit Sprechen geendigt, als die Silberbarre schmolz und sich auf die Erde ergoss; sie war auch nichts als Quecksilber, welches von der starken Kälte erstarrt war; zu der Zeit fing auch der Brilliant an zu schmelzen, der Hahn aber flog auf den Zaun und krähte laut: «Kikiriki, kikiriki, in den Händen der Faulen sind Eisstücke.»

XVI.

Der Bienenstock.

Burows waren vier Kinder: Karp, Boris, Parascha, Annuschka. Einmal sagte er zu ihnen: «Höret, Kinder, wer von euch morgen früh gegen sechs Uhr aufstehen wird, so dass man ihn nicht wecken muss, dessen wird ein Feiertag sein.» Die Kinder hörten verwundert zu: «Was für ein Feiertag?» fragte Parascha. «Steh zur Zeit auf,» sagte der Vater, «du wirst dann ersehen, was für ein Feiertag.» — «Freilich werde ich bereits vor sechs Uhr ohne euere Hülfe aufstehen,» rief Parascha. «Und ich auch,» — «und ich auch,» riefen alle. Es schlug zehn Uhr. Es kam die Zeit, schlafen zu gehen, sie wünschten alle dem Vater gute Nacht und ein jedes von ihnen sagte ihm: «Du wirst sehen, Vater, dass morgen früh gegen sechs Uhr ich auf den Füssen sein werde.» Die Kinder legten sich alle schlafen und ein jedes sagte vor dem Einschlafen zu sich: «halb sechs, halb sechs.» Boris schrieb mit Kreide auf sein Bett: «morgen früh um halb sechs Uhr wird Boris aufstehen.» Das ist

Boris aineno. Migi tahotioma, io adamaron ehs botoci boqoitu, botullo biton besun. Te ss domdom
anẓag ṣi mahoien sruben dunoẻi, or alequaboẺi ẓiluҳ. Śetuẓoҳo har, ainoẓori, lanoþi, oqufenẓaṛol oia-
ẓaҳo ẻorioe, ote hartin ҳiallobaal, le toᴅo snone aiҳere. — Ams biinn tor boẟnn le ss ᴅaҳiiuqon girece
ẓemiiuẟnn oiaẟn. Buqnni muqlyẟen tetnẟon cyẟyqunþi sun snns: poi ins jnn boẟen, e boinẟn baban ja baҳirbo·
Sonor inqnnci baba toẟol. Hs! totin þine, aⱥnens, baban eᴅaxl olite lsstn beinẟne, teᴅaxl ẓiluẟo da-
murṭin siҳnsun Koẟ leae. Poi, ᴢual beҳ aiiaҳ exẻo. Amn ẓiluҳ, boḟ bonnn ḟetuҳ, mntuҳ, gnnuҳo aiҳeri,
beanqnn bilun ḟel ẓiluẟon. Śetuẟon çoeҳ oçqunẻi, ҳomoҳ açṛinl ҳenen lägẽlquadi, beҳ oҳqunⱥi. Byҳeẓuẟọ dnn-
qunⱥi, purnnal inqnnci baba toẟol. Annuẽkan nulþoribesunen ҳabarre aqnai, eᴅaҳl ja beinẟ baⱥala? Migi tono,
cyẟynoþl baban, totuẟoҳo hartn bel bnttoⱥi ⱥoin māẽūlün ẽārẽẽaxol, matin bnttoⱥaai þulmnrẟoҳ, boqmoẟoҳ, ҳomoҳ, ẽamom bilun çoeҳ; bin mandi bar bnttoenai mahuden. Andoҳ bennnne ᴡẓl þine Borisen qeiritnҳ, ҳu Ẻⱥir-
rubnn, le ẟe baba diéénln ẽoé buqnn. Seri Ⱥorre, þine bobon, ᴡẓn genn metn baҳlin ekannn Ẻⱥirbenn. — Aҳ,
or muqluẟen, öyẟyqunþi bilnstuẟon, ialqunteri baba qostan; matin lenl lanexel ié bel ⱥoin ẽārẽẽnen, ẓiluẟoҳo
hartnal ekabaⱥain lanedel ҳҳnnn: Borisn arnҳnn leker çⱥl Ⱥömürẟon, Ⱥarpn ss ẟeç polynnlnnҳo[1]), ҳinⱥr-
muẟo boҳo mour, setuẟo qottnnal ҳҳҳn-ҳҳtn gul, emaal sini, inqnnci babaqẓn nnns. Bilun iᴡþ aҳiri ariqnn

---

ein Beweis, dass der Mensch, was er entschieden will, alles machen kann. Am andern Morgen schlug es kanm ein Viertel auf sechs, als die Kinder aufstanden. Ein jedes von ihnen
stand auf, kleidete sich an, ging leise aus dem Zimmer, denn ein jedes dachte, dass es allein aufgestanden sei. Allein alle hatten sich ungefähr um dieselbe Zeit in dem gemein-
schaftlichen Zimmer versammelt. Sie waren alle voll Freude, riefen einander zu: «Nun,
lasset uns jetzt sehen, was für einen Feiertag der Vater uns bereitet hat.» Sie gingen zum
Vater. «A,» sagte dieser, «man sieht, dass, wenn der vom Vater versprochene Feiertag ist,
dann es den Kindern nicht schwer wird, früh aufzustehen. «Nun, auch ich werde mein
Wort halten. Allein, Kinder, zuvor thut das, was, ans dem Bette aufgestanden, alle guten
Kinder thun.» Sie wuschen ihr Gesicht, spülten ihren Mund mit reinem Wasser aus, kämm-
ten den Kopf, beteten zu Gott und gingen wiederum zum Vater. Annuschka fragte unge-
duldig: «wann wird uns das Fest werden?» — «Da ist es,» rief der Vater, setzte auf
den Kopf eines jeden von ihnen eine Mütze mit geflochtenem Netz, welches die Augen,
die Nase, den Mund, endlich das ganze Gesicht bedeckte; der übrige Theil des Kopfes
wurde mit Tuch bedeckt. «Rathet ihr,» sagte Boris zu den übrigen, «ich denke, dass der
Vater heute die Waben herausnehmen will.» — «So ist es wirklich,» sagte der Vater, «was
denket ihr aber deswegen?» — «Ach, wie lustig,» riefen alle und liefen alle dem Vater
nach, welcher ebenfalls auf seinen Kopf eine Mütze mit Netz gesetzt und jedem der Kinder etwas zu tragen gegeben hatte: dem Boris ein Fenergeschirr mit glühenden Kohlen,
dem Karp ein Bündel Wermuth, den Mädchen lange Messer; und hinter ihnen einen Sieb,
einige Schüsseln tragend gingen der Vater und die Mutter. Der ganze Haufe kam endlich

---

1) Russ. полынь, Wermuth.

ṗaḳiḃ, buralleqeci beiṅg. Babạn qainoṗi ćalla eǫmǫx, mataxo qoáquni ụ̣çe tatur, aẹlleqi ganuxo har ụ̣çe lapaxax, ǫ̣ta aneqi g̣ac polyxax, laxexi ćil Kömürün laxo, ẹetaxoal kuixax iẹmaǫbi har ụ̣çe lapaxua boṭ. F̣wẹxt kuinaxo ụ̣çe tatur p̣urp̣i laquxei, babạn beṭ mominx ḃoṭi ćiceri, laxeẹxai ẹotaxx gulla boṭ, ǫ̣ta genạ ụ̣çạnx Ḳalḳala quracmugon. E muqlụg̣a? ćecurg̣ox iaquxteri oiag̣a, aịḷxạl laquxei tia, naxaṇ genạ eneceri bolkuxx, kaçnẹṗi ẹotax xilag̣ xilag̣, g̣iḷụg̣o baxtio laạlledi ẹetug̣ox ụ̣çen. Babạal ḳorgạr arine, ṗine: isạ aịḷụx wạ puraṇ baḳalle beinḡ, ladaxaṇ efeuk ụ̣çạux bulkux laxo, ama ẹukaleu wạxǫ Ḳul ma qandi ćecurg̣ox. — Bituạ g̣iḷụg̣oạ lạuuxquạ laxi, Annuẓḳiạna ǰok: ẹetu ingạ̈n butuqxai ćecńạ tạmaux begạuei; ẹoxo ćupxeṗi stolạć[1]), axeqi xixiaxo ćecńạ qe, laạllexxi xǫmǫ. Birdạ̈u ẹetin ẹór ẹxtawar çỵgỵ-ṗạ̈xx, ie bituạ kuạ boixebaḳi. Widimuxqạn ruxćimux g̣afixeạ tạg̣ạ mạgạquạ baḳxai ẹetạ tǫg̣ǫl xaḃaral aqxai: wạạl ekạ baḳe. Bạḃaqạn xexạ liquxteri ḃạ ẹoxal xaḃarquạ aqi: wạạl ekạ baḳe. Amạ Annuẓḳạn ić xǫmǫx butteḳei; çỵgỵuexai xitạl lẹtu baḳxai ukaxei. Naxạn beuẹg̣i ẹetạ xǫmǫ boṭ, ekạ tạ aḳi: ẹetạ muxạ laxo arcinei kiçiluk ụ̣çe tạt, ić xixexal ẹetạ boṭ eụxexexei. Naxạl ụ̣çe tattux ćuạlḳinge, amạ fạg̣ạra xixȃrụn mǫx ẹor bexecexạl, ie Annuẓḳạ durụxt g̣i qixmụg̣al xǫmǫ aqexietubaḳi. Qeiri g̣iḷụg̣oạ uǫạ-xǫl Ḳaiquạn ḳxag̣o bolkaux[2]); ẹoxo ẹetug̣o ingạ̈n tamạn mụçạxe aḳeci, Ḳarpexạl beg̣ixe, ie me beinḡ ẹetạ ingạ̈n ạmelle ari. Paraẑan beg̣ixe p̣ạ̈ug̣ȃrixaxo, atuḳi, ie ẹetug̣oi qaxxia xixȃr Matạ toǧoxǫ laxexai: fu-

*

in den Garten und es fing das Fest an. Der Vater öffnete die Zaunthür, hinter der die Bienen waren, und nahm jeden Bienenstock von der Stelle, darauf nahm er das Wermuthsbündel, that es auf die Kohlen und den Rauch davon verpflanzte er in jeden Bienenstock. Als die Bienen wegen des Rauchs herausflogen, schnitt der Vater zuerst das Wachs heraus, legte es in den Sieb, darauf aber den Honig in grossen Stücken. Welche Lust! Die Waben trug man in's Zimmer, die Kinder gingen auch dorthin, die Mutter aber brachte Semmel, zerschnitt sie in Scheiben und bestrich sie für die Kinder mit Honig. Auch der Vater kam gleichfalls und sagte: «Jetzt, Kinder, wird euch wiederum ein Fest werden, schmieret euch Honig auf die Semmel, aber keines von euch berühre die Waben.» — Alle Kinder gehorchten, ausser Annuschka; diese wollte sogar den Geschmack der Waben versuchen; sie hüpfte zum Tisch, nahm von der Schüssel ein Wabenstück und that es in den Mund. Plötzlich schrie sie so heftig, dass das ganze Haus erfüllt wurde. Die Brüder, die Schwestern waren besorgt hie und da bei ihr, und fragten: «was ist dir zugestossen?» Der Vater und die Mutter liefen herbei und fragten ebenfalls: «was ist dir zugestossen?» Annuschka aber bedeckte ihren Mund, schrie und konnte kein Wort sprechen. Die Mutter sah in ihren Mund, was sah sie? auf ihrer Zunge sass eine kleine Biene und war mit ihrem Stachel in sie eingedrungen. Die Mutter nahm zwar die Biene ab, allein des armen Mädchens Zunge war so geschwollen, dass Annuschka den ganzen Tag keinen Bissen in den Mund nehmen konnte. Die andern Kinder assen ihre Semmeln mit Honig; sie schmeckten ihnen sehr süss, und Karp fand, dass dieses Fest ihm sehr zu Statten gekommen. Pa-

1) Russ. столъ, Tisch.   2) Russ. булка, Semmel.

ḡarа Маṣа, p̂iае ṣеtiа, ṣeṭа baḫai üҫо tat lеṭа bu, ṣеtuаl üҫоа ladесi bulḳ baḳаl iṣtu ṣеtu ṣadеṣ. Nṣṣаі аṣṣа! ieṣabaḳṣа üҫоа ladесi bulḳ Маṣаа ṣadеṣ. lagän irẕzilaḡеa bеẕ ajеl, p̂iае ṣаṣaṣ. — Ṣeṭа ṣaquadi üҫоа bulḳ, Рarṣṣaа gеṣа ṣeṭux Маṣinеaḳ. Оrẕ mẕqṭi ṣeṭiа mе xinẕrẕx! Оrẕ ṣeṭiа mе rẕzilaḡbi Рarṣṣaа! Tеwṣxt Рarṣṣaа үҫ рurṣa ṭameаnnе aḳесi.

XVII.

Kiçíluk abaẕaḳux.

Iliin aḷүmүḡеa waẕrẕwүrdbiquаi le ṣeṭuḡо Lеоnti qоṣṣin p̂aḳip̂ p̂a arrа xodde bu ṣеl ṣawṣl jemiṣur-muḡоṣ.Ṣeṭuḡо fïḳirа ariае ćaḷḷа lẕxо laiṣua, ṣa еmṣel ićuḡеuḳ ar bоqẕqua. Моṇо еḳa fïḳirаi? Qоṣṣi-aеa baṣqеṣuṇax waẕrẕwүrddеbl, ṣa Ḳärãṇal bеḡawṣxtа ić p̂aḳaa bоṣ ҫapṇеbaḳi, ie abaẕaḳax blqaṇе. Ṣa еmṣ wṣxtuxо оṣ̣а ṣtuḳi Iliin aḷḷүx оrquа ćaḷḷа lẕxо laiсl, qyеa ṣeṭuḡоa iсuḡоi bjреҫ bequaḡеṣṣi, ṣukalẕx p̂aḳaa bоṣ aulwaẕrẕwүrdbi, diribaṣluḡеa сiriqua, ḷiquaṭеri xodaṣ. Aaṣ̣aḡ le ṣeṭuḡо buqоqṣai ṣarp̂i aṣеa qaibaḳaqunl, оriе p̂aḳaa ḳоṇẕүx ṣeṭuḡо bеṣṇе ҫеri. Eḷẕr оṭеa, qyеa ćurp̂iqunl ṣeṭа bеṣ̣ xurа abaẕaḳux. Оr aḡu оṇequṇеxṣl, xоiṣṣḳqunbеṣṣi Leоnṭiṇẕx, le ṣеṭin ṣeṭuḡо еrẕa biqi aṣlẕx bеḡiṣlamiṣqaubi, bṣbṣṣi sikijṣi maqaubi ṣeṭuḡо lẕxо. Leоnti lṣrṣnеp̂i ṣeṭuḡо xоiṣ̣aṣ, еṭе le ṣeṭuḡоa ṣeṭu aiḷqua ṣadеi ṣaṣl bеṣ̣ eкṣl

---

rascha sah aus dem Fenster und bemerkte, dass die Tochter ihres Nachbars Mascha vor-
überging: «die arme Mascha,» sprach sie, «ihr Vater hat keine Bienen und er wird ihr keine
mit Honig bestrichene Semmel geben können. Mutter! Mutter! Ist es nicht möglich, dass
wir eine mit Honig bestrichene Semmel der Mascha geben.» — «Sehr gern, mein Kind,» sagte
die Mutter. — Sie gab ihr eine Honigsemmel, Parascha aber diese der Mascha. Wie er-
freute sie dieses Mädchen! Wie dankte diese der Parascha! Dann kam der Parascha der
Honig noch schmackhafter vor.

XVII.

Die kleinen Diebe.

Die Kinder des Elias bemerkten, dass in dem Garten ihres Nachbars Leonti zwei Birnbäume mit sehr schönen Früchten waren. Es kam ihnen der Gedanke, auf den Zaun zu
steigen, und sich einige Birnen zu verschaffen. Was war dies für ein Gedanke? Der Nachbar bemerkte den Diebstahl und einmal versteckte er sich selbst im Garten, damit er die
Diebe packe. Nach einiger Zeit sah er, wie die Kinder des Elias auf den Zaun stiegen,
furchtsam blickten sie um sich, und keinen im Garten erblickend, stiegen sie flink hinab,
liefen zum Baume. Kaum wollten sie mit den erbeuteten Sachen zurückkehren, als der Wirth
des Gartens vor ihnen hervorkam. Mit welcher Schande, Furcht standen die kleinen Diebe
vor ihm! Wie bitter weinten sie und baten Leonti, dass er ihnen ihre schlecht gerathene
Sache verzeihe und sich über sie nicht bei ihrem Vater beklagen möchte. Leonti neigte
sich ihrer Bitte, denn sie gaben ihm das Wort, dass sie in Zukunft nichts Aehnliches thun

lari as noibaqua. Ama me oʒaa ailyɡoa léuɡo aiiaʒ lequa eß: saema tamaï ɔenebaʃi, Leoniinea saʃärïa damdam beʃiae, le aeta bilun api tal cypinei. Tewaʒi sono lʒaeci iô qoaáia toʃol, ʒoiʃblae tetuʒ ailyɡoʒ lʒabab qaabi aetuɡo ʃʒaraʒua abaʒalaɡia baʒiïa. Ama ailyʒ ostawar ćurquapi aeta oʃaʒo, le aeiuɡon tul ʒequa baäqe, babaal aeiuɡo wʒabeʃi. Leoali dʒrden aetuɡoʒa laaeci, iaɡaiaaal ʃiae: ʒilyʒ oʒʒaae baʃo wʒa dyniaail, beʒ aiiaʒ iʒ efanaa. Me beʃpeʒua aerʒeri baaeʃi. Xaru abaʒakuʒ aaaaquadi iéuɡo ʒceabala wʒʒʒiaal, baquaʃi ʃaraaʒadauʒ, iéuɡo ʃaraeaunaʒal aɡa lʒʒʒʒʒaqua ćiʒaʒʒi.

XVIII.

Sa adamar ćien Zinowi damurɡia uaeaurɡoʒo haʒaʃaliebsal ié ailyɡoʒ zombaae te aʒau, le aeiuɡoa iéenk aerbaqua ekabaʃain iéuɡo aáea. Beiaɡ ʃimʒoʒ qeirial kalʃeaunaʒo aʒɡahʒa waʒiïa, aeia ʒinärɡoa equnbeaai, alqundei, te waʒiʒl aeiïa aetuɡoʒo aetuɡo ʒuru aáurɡoʒ aaequal. Şeia ɡarmuɡoa Kiʒquaeʒai ekabaʃaae duruiaʒo, jaal aerquabeaai Laɡuʒaʒo iʒhʒr iʒhʒr ʒaduruʒ. Zinowiaen me aáurɡoʒal haaor aaeqaai, ʒɡär aonor aʒpʒʒ aelalle aerece. Me iʒhʒren ailyɡoi léuɡoaia ʃeʒ hamaʒa iʒaɡä buqol, maïuɡoʒ baqoʃaai or buqoqaai ʒaʒʒbaquai; aaʒa babʒa aʒʒ eʒaei aetuɡo iʒaɡiaaʒ ʒeiren ʒaʒʒbaqua, aetuɡoʒoiʒl maqaʃea iaʒakaqua. Zinowiïa kiĉiluk ʒilyʒ Mariaamqan Alekaei me öɡüiaʒ bequaɡi, loʃbi lʒaɡinenal iéuɡenk aqunqeaai iʒhʒr iʒhʒr aetuɡo baʒiïa laʒum aeiuʒ: Kaɡuʒ, qalʒmuʒ, karʒadaá, meaʒʒ qaĉiuʒ. Or Kalaa baʃʒai

würden. Allein diese schlechten Kinder hielten ihr Wort nicht: einige Wochen vergingen, da sah Leonti einmal am Morgen, dass alle seine reifen Weinbeeren abgepflückt waren. Da ging er zu seinem Nachbar, bat ihn, dass er die Kinder bestrafe wegen ihres wiederholten Diebstahls. Allein die Kinder standen fest dafür, dass sie die Weinbeeren nicht gestohlen hätten und der Vater glaubte ihnen. Leonti ging traurig von ihnen und im Davongehen sagte er: «Kinder, es wird euch schlecht ergehen in der Welt, behaltet meine Worte.» Diese Wahrsagung ging wirklich in Erfüllung. Die kleinen Diebe blieben bei ihrer verderblichen Gewohnheit, wurden Spitzbuben und beendigten ihr Leben auf eine bittere Weise.

XVIII.

Ein Mann, Namens Sinowi, bemühte sich, seine Kinder von frühen Jahren daran zu gewöhnen, dass sie sich etwas machten durch eigene Arbeit. An Sonntagen und zu anderer dem Lernen entwundener Zeit nähten, strickten seine Töchter, dann kaufte er von ihnen ihre kleinen Arbeiten. Seine Söhne schnitzten irgend etwas aus Holz oder machten auch aus Papier verschiedene Sachen. Sinowi kaufte diese Sache ebenfalls, wenn sie sauber und gut gemacht waren. Auf diese Weise hatten die Kinder stets Geld bei sich in der Hand, welches sie, wie sie wollten, ausgeben konnten; allein der Vater sagte ihnen häufig, dass sie das Geld mit Nutzen ausgeben und vorsichtig mit demselben umgehen möchten. Die kleinen Kinder des Zinowi, Marie und Alexis, zwar folgten diesen Ermahnungen und kauften für das gesammelte Geld verschiedene ihnen nöthige Sachen ein: Papier, Federn, Blei-

saqaral setuǵo muqluǵ, ewaxi icuǵo asen setuǵon icuǵenk serqunbesei saema qilin, oral laxattua baĝsai setuǵo beǵsun seta laxo, maxux aqunqesai setuǵon icuǵo iänginea. Ama Zinowiin Kala ǵar Efstafi sor muqallan iene iarsexai ic iänginaxol. Setu butuqsai bitun baĝstai, eka ie seta per ie aĝesai, ekaieai soarua aĝsaxo seta ąmel enesai, Kata baxtin ąyx anequai . . . . .

----

stifte, Messer, Scheeren. Wie gross war immer ihre Freude, wenn sie durch ihre Arbeit für sich einige Kopeken gemacht hatten! Und wie angenehm war es ihnen darauf zu sehen, was sie sich für ihr eigenes Geld gekauft hatten. Aber Sinowi's grosser Sohn Efstafi ging nicht so vorsichtig mit seinem Gelde um. Er wollte alles haben, was seinen Augen nur erschien und was ihm vom einmaligen Sehen gefiel, weshalb er oft kaufte . . . . .

WÖRTERBUCH.

Wie bereits in der Einleitung S. 8 bemerkt worden ist, spielt das tatarische Element jetzt eine Hauptrolle in dem Wortschatze der Uden. Es sind demnach von mir nach Möglichkeit die verschiedenen tatarischen Wörter unter Beihülfe gedruckter und handschriftlicher Wörterverzeichnisse, manche auch auf Nachweis des Herrn Adolph Berger, angemerkt worden. Es könnte aber dennoch leicht sein, dass manche Wörter noch nicht in ihrem tatarischen Ursprunge erkannt worden sind. Hierin schliessen sich die im aderbeidshanischen Dialekt in reichlicher Anzahl vorkommenden persischen und arabischen Wörter. Diesen fremden Elementen gegenüber mussten aber auch diejenigen Wörter, welche den Zusammenhang des Udischen mit den Sprachen Daghestans nachweisen, besonders berücksichtigt worden. Ich habe deshalb sowohl das Thusch (nach meinem Versuche über diese Sprache und handschriftlichen Materialien), das Tschetschenzische (nach der lithographirten Abhandlung des Generals Baron Uslar), das Awarische (nach meinem Versuche), das Qaratalische, Kasikumükische, Tabasseranische (nach mündlichen Quellen) und endlich auch das Abchasiche (nach der schätzenswerthen Abhandlung Baron Uslar's) zur Vergleichung herbeigezogen. Hin und wieder sind auch einige georgische und armenische Wörter nachgewiesen worden. Schliesslich muss ich bemerken, dass mir noch während des Druckes einiges Material für die Mundart von Nidsh (N.) durch Herrn Chamajanz zugesandt wurde.

aix, G, aixun, *Dorf.*
aix (N. haix), § 122.
   aixesun, *aufstehen*, § 122.
   aixapsun, *aufhängen, wägen.*
   aixpkal, *Wäger.*
   aixpegala, *Wäge-.*
ait (arm. ͜ , *offenbar*), Pl. aiturmux, *Wort*, § 44.
   aitpesun, *sprechen*, § 90 (t. ابيت).
   aitkal, *sprechend*; aitkalo, *Sprecher*, § 35.
   aitaisun, *das Wort geben, versprechen.*

aqaçin, *nackt.*
   aqaçinlug, *Nacktheit.*
aqsun, *nehmen*, § 95.
   xabaraqsun, *fragen.*
   gonaqsun, *bleichen.*
   čubaxaqsun, *heirathen, ein Weib nehmen.*
   aqalabaksun, Inchoat. *ergreifen*; § 94.
aha, *sieh da.*
akaça, *morgen.*
   akaçaun *morgend*, akaçineak, *auf morgen.*

aksun, *sehen*, §§ 93, 156.
 akestasun, *zeigen, beweisen*, § 91, 93.

axirbesun (vom a. اًخِر), *brendigen*.
axun, *Baumstamm*.
axcima, *Fleischspeisen* (?), kala axcima, *Ostern*.
 axcimabesun, *Fleischspeisen essen*.
axsaksun, *seufzen*.
axxapsun, *athmen*, § 95.

axta (p. اًنَت), *castrirt*.
 axta ek, *Wallach*.
 axta dadel, *Kapaun*.
 axtabesun, *castriren*.

agaç (t. اغاغ, *Baum*), *Meile* (urspr. wohl *Meilenzeiger*).
agu, *bitter*.
 agubaksun, *bitter werden*.
 agubesun, *erbittern*, § 89.
 aguluġ, *Bitterkeit*, § 37.
agla, *Regen*.
 çoreġal agla, *Platzregen*.
 aglalu, *regnerisch*, § 39.
 aglaesun, *regnen*.
aoi, *Spiel*.
 aoipsun, *spielen, spazieren*, § 90.
 acikalo, *Spieler*.
ajuġ (ad. اًمِ, *Zorn*), ajuġ öiöoun, *Rache nehmen*, — cicalu, *Rächer*.
 ajaguxo, ajuġon, *zum Trotz, böse*.
 ajugonbesun, *erbittern*.
aš (t. ايش), G. ašsai, *Sache*.
 ašbesun, *machen, arbeiten*.
 ašbal, *Macher*, § 35.
 ašsakal } *Intrigant*.
 ašburqal }
ašiġ (t. اًشوق), *Ellbogenknöchel*.
ašbazzana (p. اًشِيزخانه), *Küche*.
 ašbaz öibuz, *Köchin*.
 ašbazluġ, *Küchenwirthschaft* —besun —führen.
aslan (t. ارلان), G. aslana, *Löwe*.
 xuni aslan, *Löwin*.

azab (p. اًزَاب), *unverheirathet*.
 — xinir, *Jungfrau*.
 azabluġ, *Jungfräulichkeit*.
azar (p. اًزَار), *Seuche, Pest*.
 azarru, *krank*, § 24, 39.
 azarrobaksun, *erkranken*.
aznaur (g. ..., aznauri, arm. ...), *Edelmann*.
 aznauriuġ, *Adel*.
ad, *Dunst, Geruch, Gestank*.
 adba, *dunstig*.
 adesun, *stinken*.
 adbaŧesun, adsaksun, *stänkern*, § 95.
 adbiqsun, *riechen*, § 95.
adamar (p. اًدم), G. adamarun, Pl. adamarux, *Mensch*.
 adamarluġ, *Menschlichkeit*, § 57.
 adamar ukal, *Menschenfresser*.
adul (g. ..., adli), *Arschin*.
anjaġ (t. اًنجِل), *kaum*.
 anjaġle, *dasselbe*.
andaibesun, *rathen, errathen*.
ap, *Schweiss*.
 apenbaksun, *in Schweiss gerathen*.
apsun, *reifen*, api, *reif*.
 apesbesun, *braten*, § 89.
 apesbal, *Brater*.
apél (th. apui), *Lüge, falsch*.
 apéiduġsun, *lügen*, § 95.
 apéidukal, *Lügner*.
 apéiluġ, *Lügenhaftigkeit*.
aba, *wissend, Wisser, Kenner*.
 abao, *Weiser*.
 ababaksun, *wissen*.
 ababakestesun, *erinnern*.
 abaluġ, *Weisheit*.
abazak, *Dieb*.
 abazaklu, *diebisch*.
 abazakluġ, *Diebstahl*.
abuz, *überflüssig*.
 abuzgar, *Adverb*.
 abuzbaksun, *überflüssig werden*, abuzbaksalo, *Gewinn*.
 abuzbakestesun, *überflüssig machen*.
 abuzbesun, *zulegen*.

aburlug, *Ueberfluss.*
   logauro aburo, *der Überbietende.*
abreṭam (p. ابریشم‎), *Seide.*   •
ama (a. عمّة‎), *Vaterschwester.*
aina (a. اما‎), *aber.*
amçi, *leer.* —gu, *Einöde.*
   amçibesun, *leer machen,*
amdar, N. *Mensch,* vergl. S. 4; a. adamar.
aje, (vergl. t. آی‎, *Bär,* eig. *der Alte), alt.*
ar (p. ارمو‎), *Birne.*
   arrai rod, *Birnbaum.*
araba (t. عربه‎), *Wagen,* G. arabin, § 14, 50.
   arabaçi, *Kutscher,* § 36.
ari, *gekommen,* §§ 104, 120, 122.
arux, *Feuer.*
   aruxbesun, *heisen.*
arum, *Weisen.*
arᴋer (g. არქიერი, arᴋieri von ἀρχιερεύς), *Ers-*
   priester.
   arᴋerlug, *Erzpriesterthum.*
Armein, G. Armeisun, *Armenier.*
   armeinlug, *armenische Kirche, Confession.*
arx (p. ارخ‎), G. arxnai, *Kanal.*
arcesun, *sitzen.*
   arceslesun, *setzen, einsetzen* § 91.
   arcesbaᴋsun, *sitzen können,* § 94.
—al, enklit. Partikel, *und,* § 140.
ala (a. علی‎), *hinauf, oben.*
   alabaᴋsun, *sich erheben.*
   alabesun, *erheben,* § 89.
   alalaisun, *emporsteigen,* § 96.
   alaxobaᴋsun, *ohnmächtig werden,* § 99.
   alalu, *hoch,* § 39.
   alalug, *Höhe.*
awa, N. *wissend,* a. aba.
abil, *alt.*
axil (abchas. axara), *weit, fern.*
   axilaxo, *von fern.*
   axillug, *Entfernung,* § 37.
   axilbesun, *entfernen.*
   axilbaᴋsun, *sich entfernen.*
axṭym, *Gelächter,* § 90.
   axṭympesun, *lachen.*
   axṭymdesun, *zum Lachen bringen.*

açesun, *verschwinden.*
   açesbesun, *verschwinden machen, verlieren.*
   z. B. jaq açesbesun, *den Weg,* d. h,
   sich verirren.
aça (arm. ~ያ‎), *rechts, rechtshin.*
   aça co, *rechte Seite, vorn.*
   aça am, *rechts.*
açer, *rein.*
   açarlug, *Reinlichkeit.*
aᵹgaban (ad. احكان‎), *unbeschäftigt, frei.*
aᵹin (ar. عزيز‎), —ᵹi, *Feiertag.*
am, Pl. amuryx, *Flügel, Schulter, Seite,* § 11,
   39, 44.
   amel esun, *zu Statten kommen, gefallen.*
   amga, *geflügelt,* § 39.
amᴋyli duᵹsun, *gähnen.*
ajel, G. ailun, Pl. ailux, *Kind,* ailymux, § 11 (a. عيال‎).
   ajellug, *Kindheit.*
al, *Wachtel.*
arza (ar.), *Bittschrift.*
alam, *Granate.*
aldesun, *flechten, weben, stricken,* § 91.
   alesun, *geweht werden.*
agär (p. اكر‎), *wenn.*
arüg (t. آلو‎, *Pflaume), Aprikose.*
arᴋäg (t. اركك‎), *Männchen (von Vierfüsslern).*
   —eᴋ, *Hengst.*

e, *was.*
   eqara, *wie gross,* § 83.
   eqaralug, *Quantität.*
   eka, *was.*
   ekatai, *der wem gehörige,* § 81.
   ekabaᴋain, *was immer.*
   ekal, *irgend was.*
   ekaluxa, *weshalb.*
   ekalte, ekale, *nichts.*
   ekalnul, *unbedeutend, nichtig.*
   ekalnuilug, *Nichtigkeit,* § 37.
   ete, *weshalb.*
   elar, *wie,* a. lahar.
   elarie, *da.*
   eiara, *auf welche Art.*
   ema, *wie viel,* § 83, 118; xa ema, *einige,* § 85.
   ewaxi, *wann.*

eq, *Fleisch.*
  eqba, eqen, eqlu, *Fleisch-.*
eĸ, G. eĸui, eĸai, Pl. eĸur, eĸurui, *Pferd.*
  aiu eĸ, *Wallach,* § 44, 48.
  jorga eĸ, *Fussgänger.*
  eĸen adawar, *Reiterei.*
ei, G. einai, *Ernte.*
  eiaa ĝirui, *Erntefasten.*
  eibesun, *ernten, mähen.*
  eibaĸsun, *geerntet werden.*
eia, Präsensstamm § 102.
eĝai, *kommend,* § 119.
eĝel, G. eĝelun, *Hammel,* § 42.
ecsun, *führen,* § 122.
  jaqa ecsun, *auf den Weg führen, bessern.*
  ii edsun, *erinnern.*
  ecastesun, *kommen lassen,* § 91.
eô, G. eônai, *Tenne,* § 47.
  eô lapsun, *dreschen.*
  eôau basun, *ausdreschen.*
esen, *im vorigen Jahre,* s. usen.
esun, *kommen,* § 93, 104, 122.
eĸ, *Apfel,* Pl. eĸurui, § 44.
eibesun, *pflügen.*
  eibal, *Ackerer.*
esqira, *Hopfen.*
ef, eô, *euer.*
eisun, *halten, sparen, schonen, erziehen.*
  eial, *Erzieher,* § 35.
  izoefsun, *sich erinnern.*
eb (th. aber, *nähen*), *Naht.*
  ebsun, *nähen.*
  ebakoei, *genäht.*
ereq, *Nuss.*
el (arm. —ӄ, s. Peterm. Gramm. p. 29), *Salz.*
  elenbaĸi eq, *Salzfleisch.*
el, G. ellai, *Volk.*
elac, *Eid,* —besun, *schwören.*
  elactesun, *vereidigen.*
elem, *Esel.*
elmui, G elmuĝun, *Geist.*
  elmui iastun, *den Geist aufgeben* § 95.
  elmui dyryst, *würdig.*
  elmuĝol esun, *zu sich kommen.*
  ĥaelmuĝen, *schwanger.*

ĥaelmuiiug, *Schwangerschaft.*
  ĥaelmuibaĸsun, *schwanger werden.*
elmuilu, *geistig.*

iq, *Asche.*
  iqba, *Asch-,* § 39.
  iqenbesun, *einäschern.*
ii (ob vom alten Singular i, *Ohr* = imui?).
  ii edsun, *erinnern.*
  ii basaĸsun, *dass.*
  iio cewĸesun, *vergessen.*
  iio casun, *vergessen werden.*
  iio eisun, *sich erinnern.*
ig, *flache Hand.*
igarix, *heiss.*
  igarixiug, *Hitze.*
iô (vergl. t. ﮒﻝ, *Inneres*), *selbst,* §§ 45, 79.
  iôuxbuqal, *sich liebend.*
  iôengina, *liberal.*
  iôĸefen, *willkürlich* — baĸsun, *Selbstwilligkeit.*
  iôĸefen euresun, *eigenmächtig sein.*
  iôital, *der eigene,* § 81.
itoun (vergl. kurd. ﺸﻴﻭ, *in der Nacht.*
isu, G. isai, Pl. isĸarmui, §§ 45, 48, *Mann,* N. iĸar, G. iĸari.
  isuba, *Mannes-, verheirathete Frau* §§ 12, 39.
  isulo, *mit einem Manne versehen.*
  isuluĝ, *Mannhaftigkeit*
isa, *nahe,* isao, *Nächster,* § 35, isagar, adv.
  isabesun, *nähern.*
  isabeĸsun, *sich nähern,* isabeĸatabaĸsun, Inchoat. § 94.
  isatisun, *hinzutreten.*
  isaluĝ, *Nähe,* § 37.
isa (p. ﻞﻳﺍ), *jetzt.*
  isaun, *heutig, gegenwärtig.*
  haisa, *gerade jetzt.*
isiug (a. ﻞﻴﺷﺍ), *Appetit.*
  isiugin, *appetitlich,* § 39.
izaĸ, Pl. izaĸui, *Ameise.*
  izaĸ uĸalo, *Ameisenfresser.*
in, Pl. inur, *Floh.*
  inba, *Floh.*
inai (t. ﯔﻴﺷ), *neu.*

ini bin, *junge Frau.*
inigar, *neulich.*
inilug, *Neuheit.*
inibesun, *erneuern,* §89, inibalo, *Neuerer,* §35.
inibaksun, *erneut werden.*
iniçeri, *Neuling.*
ingân (t. اصن), *sehr.*
ingir, *Dämmerung.*
irahai (a. راكت), G. irahaiun, *Bauer,* §19.
irahallug, *Bauerschaft.*
irazilug (a. راضى), *Zufriedenheit,* §19.
irazilugen, *gern,* s. razilug.
irit, *Ekel, Spott.*
irüpesun, *sprützen, spotten.*
iritkalo, *Sprützer,* §35.
ibaksun, *hören,* §§94, 156; ob nicht im Zusammenhang mit i, imuz, *Ohr?*
imuz (N. umuz, tab. ib.), *Ohr,* §§15, 43, 64.
imuzlazsun, *aufpassen.*
imuzlazal, *aufmerksam.*
il, *Unkraut.*
iwal (a. اوليا), *heilig.*

o, *Gras, Heu.*
oqa, *unten, nach unten.*
oqazo, *von unten her,* §152.
oqa saksun, *hinunterwerfen,* §96.
oqa bossun, » »
oqa çigal, *Abhang.*
oqalu, *unterer, niederer,* §39, oqalugar, Adv.
oqalubsun, *niedriger machen,* §89.
oqalubaksun, *niedriger werden,* §94.
oqalug, oqalulug, *Niedrigkeit.*
oqo, G. oqunun, *Essig.*
oz, *Fluss,* §3 (com. ocbus, Lex. Petrarchae, p. 157); s. uz.
oz, G. ozuai, *Kamm.*
ozkesun, *kämmen,* §92.
ozari, *leicht,* ozarigar, Adv.
ozarilug, *Leichtigkeit.*
ozal, *Fang, Jagd.*
ozlaquš, *Wiedehopf.*
oga (kum. ogoi), *Stief-.*
ogababa, *Stiefvater.*
oganana, *Stiefmutter* (kum. ogoi ana).

oçesun, *sich waschen, gewaschen werden.*
oçeci, *gewaschen* — parial, *Wäsche.*
oçkesun, *waschen,* §92.
oçkalpesun, *sich baden.*
oçkaldesun, *baden.*
oçkalkalo ga, *Badestelle.*
oste (ob aus oqte, §§16, 26, 56, vergl. th. otti), *weshalb.*
ostawar (p. استرار), *hart,* §40.
ostawarlug, *Härte.*
ostawarbesun, *bekräftigen,* §89.
ozan, *Nacken.*
ot (t. درل), *Schande.*
oten, *schamhaft.*
otbesun, *sich schämen,* §89.
otbestesun, *beschämen,* §91.
otnui, *schamlos,* otnuio, *Schamloser.*
otnullug, *Unverschämtheit,* §37.
otag, G. otagun (t. اوتاغ), *Wohnung.*
or, ora, *wie?* §75.
orein, *Quelle.*
oreinun pul, *Quellsprudel.*
oreinlu, *quellenreich,* §39.
ol, *Säule.*
oq, *Joch.*
oxal, G. oxallai, *Speise.*
oçal, G. oçalun, *Erde.*
oçi, *Schmuts.*
oçilu, *schmutzig.*
oçilug, *Schmierigkeit.*
oçinen besun, *beschmudzen,* §89.
oçinen baksun, *schmutzig werden,* §94.
oç, *Ende* (vergl. t. اوم).
oça, *hinter, später.*
oçazo, *hinter, von hinten,* §152.
ozil (N. oçil), *Schwans.*
ozilla zabun, *Komet.*
on, *Busen* (N. ôina).
onepesun, *weinen.*
onenen maadakbaksun, *sich satt weinen.*
oran, *schlecht;* oranabaksun, *veröden.*
oli, *Feuerbrand,* s. §2.
ôina, N. *Busen,* §2.
ôgül (t. اركت), *Ermahnung.*
ôgmisbaksun, *gerühmt werden, sich rühmen,* §94.

öma, *Erdbeere*, § 2.
ǫaląǧu öma, *Walderdbeere*.
ǯir öma, *sauere Erdbeere*.
öli, N., *Feuerbrand*, § 2.

uǫ, G. uǫsi, *Wallnuss*.
ǫqnai roḋ, *Nussbaum*.
uǫulungǝr, uǫulunġen, *langsam, leise, allmählich*.
ul, *Fluss*, s. ol.
uk (awar. rak, th. dek), G. ukla, *Herz*, § 50.
ukso, ukla, *herzhaft, kühn*.
ukbosun, *sich erkühnen*, § 89.
uk lastun, *vergnügen, erfreuen*, § 95.
uk raṛabun, *beleidigen*.
ukraṛablug, *Beleidigung*.
ukṣun, *essen*, § 123.
uҟesun, *gegessen werden*.
uҟestesun, *nähren*, § 92.
ukestalo, *Ernährer*.
uǧsun, *trinken*, § 123.
uǧesun, *getrunken werden*.
uǧestesun, *tränken*, § 92.
uǧsla, *Trink-*.
uǯud (t. اوجز), *billig*.
ut, N. uṭur, *Hals*.
us (aw. oe, qar. unsa, arm. *eqh*, ezu, s. oben
    S. 8.) G. usnai, usei, Pl. usur, usurur,
    Ochse, §§ 44, 47, 48.
ususun, *gemessen werden*,
uskesun, *messen*, § 92.
uskalo, *Ausmesser*.
uskun, *Maass*.
uskunlug, *Gemessenheit*.
usen (a. سنة), *Jahr*, s. esen.
usin, *schnell, asingar*, adv
usinlug, *Schnelligkeit*.
usta (p. اُستا), *Meister*.
usta ẋinǝr, *Meisterin*.
usta ǝubur, *dass*.
ustalug, *Meisterschaft*, § 37.
un (kasik. las), *du*, § 72, unnu, *du selbst*, § 76.
uniǧ, *Darm*.
upa, *Imperat. zu penun*, §§ 10, 123.
umed (p. اُمّيد), *Hoffnung*.
umedin, umudba, *hoffnungsreich*.

umudbaksun, *hoffen*, §§ 39, 94.
urosi, *Fasan*.
urub (t. اوروب *vom* arab. ربع), *Viertel*.
urtesun, *haspeln*, § 191.
urtalo, *Haspler*.
ul, *Wolf*.
ullai lul, *Welp*.
qanẓig ul, *Wölfin*.
ulux, Pl. ulxux, *Zahn*, §§ 7, 42, 69.
uǫen, G. uǫenun, *Knochen*.
uǫenen, uǫenbu, uǫenlu, *knöchern*, § 39.
uǫenlug, *Knöcherigkeit*.
uǫenal ¢uresun, *verknöchern*.
uṣ, *sechs*, §§ 3, 68.
uṣoǫo, *sechssehn*.
uǧ, *Vorrathskammer, Boden*.
uç (th. moe, kasik. alç, vergl. ud. muǫa, süss),
    Honig, § 48.
uçoei (uçe), tat., *Biene*.
uçen badi tam, *Honigbrot*.

ута, *nahe*, s. ita.
уt, G. утnai, *Schnee*.
утena, *Winter*.
утenur ¢obaҟestesun, *überwintern*.

qa (aw. qoqo, th. tun, tab. qub), *neunzig*, s. qo.
    qvun, *der neunzigste*.
qoi (vergl. th. qute), *offen*.
kulqai, *freigebig, eig. Hand offen*.
qoiesun, *sich öffnen, aufgehen*.
qoipesun, *eröffnen, öffnen*, z. B. per, *das
    Auge*.
qaidesun (vergl. t. فايدق, qaitmaq), *drehen,
    wenden*.
qoiqaidesun, *zurückgeben*.
qoibaksun, *zurückkehren*.
qain (t. فاين), *Schwager*.
qain baba, *Schwiegervater*.
qain nana, *Schwiegermutter*.
qaqapsun, *hängen*.
qaqesun, *gehängt werden, ersticken*.
qahaǯ, *Schinken*.
qaç, *eng*.
    qaçqaruô, *eng*.

qaʒil, *Eber.*
qaзpesun, *abbeissen.*
   qaзkal, *bissig.*
   quзqaзpesun, *abbeissen,* § 33.
qaz (t. قاز, G. qaznai, *Gans.*
   qazna tui, *Gänschen.*
qaibesun, *drehen,* s. qaidesun.
qatir (t. قاتر, *Maulthier.*
qati (N. ḳali), *zwischen,* § 152.
   meta qail, *unterdessen.*
   qalizo, *durch,* § 152.
qau, *und,* § 140 f
qanʒiᶃ (t. قانجق), *Hündin.*
   qanʒiᶃ ni, *Wölfin.*
qanmisbaᵭsun, *rathen, errathen.*
qafa, G. qafin (a. قهوة), *Kaffee.*
   qafaǵi, *Kafferbereiter,* § 36.
qaja (vergl. t. خيا, *Fels*), *Höhle.*
qaraui (t. قرارول), *Wache.*
  —zaபsun, *wachen.*
qarabaᶊ (t.), *Sclavin.*
qari, *trocken, dürr,* kasik. quarkaa, vergl. t.
   قورو
   qari zoᶃul, *Sommer.*
   qari tui, *Rosine.*
   qaribaksun, *vertrocknen.*
   qariluᶃ, *Dürre.*
qarib (a. غريب), *Ausländer,* § 25.
qargo (t. فرق), *Röhricht.*
   qargodali, *Mais.*
qal, G. qallai, *Lamm.*
   qalla tui, *Lammpelz.*
qaldesun, *kauen,* § 91.
qala (a. قلعه), *Festung.*
qalaidesun (im t. قلاي, *Zinn*), *verrinnen.*
   qalaidalo, *Verrinner.*
qalmaqal, *Aufruhr.*
   qalmaqallu, *aufrührerisch.*
qaqabsun, *krächsen.*
qae, *Schmerz.*
   bullai qae, bin qae, *Kopfweh.*
   qaepesun, *schmerzen, drücken.*
   bin qiotai qaepesun, *Migräne (Schmerz des*
      halben Kopfs).
   qaetesun, *in Schmerz setzen.*

qauad, *Flügel* (t. قناد,), § 39.
qeiri (a. غرى), Pl. qeirior, *anderer,* §§ 25, 45
qi, *halb.*
   qio, Gen. qiotai, *Hälfte.*
   qiᶃi, *Mittag.*
   qi kaʒaᵶ, *Backenbart.*
qizmuᶃ, *Stück.*
qinᶊpesun, *zwinken, pal—.*
qinʒa, *Haufen.*
qillo, eine kleine Münze, jetzt ein halber Ko-
      peken, wahrscheinlich aus dem alt-
      nordischen *skilling,* s. S. 8 Anmer-
      kung, wohl nur in Nidsh unbe-
      kannt.
   zoqilinluᶃ, *Fünfkopekenstück.*
qe, *zwanzig,* § 6, s. qo.
qo, enklit. Pron. der dritten Pers. Pl. § 11.
qoq, *Hals.*
   qoqna jailuᶃ, *Halsbinde.*
   ᶒoᶒa qoq, *Lerche* (ob *Rothkehlchen?*).
qoqla, *Ei* (vergl. th. qoqa).
   qoqlia zeᶊumo, *Eigelb.*
   zuᵬeᶃ qoqla, *Eierkuchen.*
qoqoᶒ, *Baumhöhlung.*
qoᶒaᶃ (t. قوباق), *Jüngling, Held, munter.*
   qoᶒaᶃluᶃ, *Heldenmuth, Munterkeit.*
qoʒa (t. قوجه), *Greis.*
qos, G. qosun, *Hintertheil.*
   qostau, *von hinten, hintendrein,* § 152.
   qosqaidesun, *zurückgeben.*
   qosqaibaᵭsun, *zurückkehren.*
   qosfaldi, *mit verkehrter Hand.*
   qos beᶃ listun, *hin- und zurücklaufen.*
qosin, *Heer, Armee* (t. قشون).
   qosinǵi, *Krieger,* § 36.
   qosiniu, *auf das Heer bezüglich,* § 39.
   qosinluᶃ, *Kriegswesen.*
qonaᶃ (t. قونغ), *Gast, Staar im Auge.*
   qonaᶃluᶃ (قونغلغ), *Gastgelage.*
qonʒa, *Blumenstrauss.*
qonᶊi (t. فوكشى), O. qonsin, *Nachbar.*
qorui (t. فروغ), *Wiese, Feld.*
qoliuᶃ (t. قولنق), *Achselhöhle.*
qollumaᶊ, *Achselwickel.*

qo, *zwanzig*, § 6, Anmerk.
  þa qo, *vierzig*.
  biþ qo, *achtzig*.
qoq, *Husten*.
  qoqþesun, *husten*.
  qoqen, qoqala, qoqba, *Husten-*.
qoqnik, *Ellbogen, Hacke, Hinterleder*.
qotur. *Krätze*.
qodl, *Schildkröte*.
qol, *Rinde, Fruchtschale*.
  ʒuiqolen, *starkrindig*.
qui, *Ohreule*.
quiʒ (quyʒ), *Spulwurm, Regenwurm*.
qué, *Schlucken*.
  quéþesun, *schlucken*.
  quékal, *schluckend*.
  éaliquékal, *Wasserrabe*.
quéaʒbesun (t. فرواق, *Busen), umfassen*.
  — esun, *umfasst werden*.
quéumþesun, *kneifen*.
qus (t. قرش), *Vogel*.
  oxla qus, *Wiedehopf*.
  kul qus, *Schwan* (vergl. th. kui, *weiss*).
quʒul (t. قرل), *Gold*.
  quʒuluʌ ʒe duʒsun, *vergolden* (eig. *Goldwasser schlagen*).
  qoʒolenbesun, *vergolden*
quti (t. قوطی), *Kiste, Sarg*.
  qutiʒerbal, *Kistenmacher*.
qud, *Tonne*.
quʌ, Pronominalaffix der 3. Pers. Pl. § 77.
quful (a. قفل), *Schloss, verschlossen*.
  qufuluʌ deʒik, *Schlüsselloch*.
  qufulenbesun, *verschliessen*, § 89.
qumqum, *Auster*, § 31.
quruç, *Häufchen*, Pl. quruqmuʒ, § 43.
quruþesun, *knurren*.
qurban (a. قربان), *Opfer*.
  qurbanbesun, *opfern*.
  qurbanbaᴋsun, *geopfert werden*.
  qurbanlu, *Opfer-*.
qulluʒ (t. قوللق), *Pflicht, Dienst*.
quéþesun, *stopfen, ausbessern*.
  quéesun, *gestopft, ausgebessert werden*.

qy, *Furcht, Schrecken*.
  qybesun, *sich fürchten*, § 157.
  qybal, *furchtsam*.
  qydeʒtesun, *in Furcht setzen*.
qyr (t. قیر), G. qyrrai, *Theer*.
  qyrru. *Theer-*.
qe, Pl. qeur, *Stück, Materie*.
  qeqenai, *Stück-*.
qlanqibsun, *schnurren*, § 20.

ʒo, *fünf*.
  ʒo ᴋärän, *fünffach*.
  ʒeʒamat, *Donnnerstag*.
ʒy, *halb*, s. qi.

ḥaq (a. حق), *Bezahlung, Lohn*.
  ḥaqiaʌun, *bezahlen, vergelten*.
ḥaᴋim (a. حكیم), *Arzt*.
  ḥaᴋimlu, *ärztlich*.
ḥazir (a. حاضر), *fertig, gegenwärtig*.
  ḥazirgar, Adv.
  ḥazirbesun, *bereiten*.
  ḥazirbaᴋsun, *fertig werden*.
  ḥazirluʒ, *Bereitheit*.
ḥamam (a. حمام), *Bad*.
  ḥamaméi (t. حامی), *Bader*.
ḥaramʒada (p. حرامزاده), *Spitzbube*, § 42.
ḥari, G. ḥariʌ, *Mehl*, § 50.
  — lowdelo, *Mehlhändler*.
  ḥariba, *Mehl-*.
ḥal (a. حال), *Lage*.
ḥalqa (a. حلقه), *Ring, Angel, Haken*.
ḥa, G. ḥaei, § 47, Pl. ḥayr, ḥaʒı, *Hund* (tabass. ʒo, Pl. ʒojar), § 11, 42. 62.
  ʒenei ḥa, *Robbe*.
  xuni ḥa, *Hündin*.
ḥaiwan (a. حیوان), *Thier*.
ḥaraᴋat (a. حركت), *Mühe*.
  ḥaraᴋatbesun, *sich bemühen*.
ḥala (a. حالا), *noch*.
ḥesab (a. حساب), *Zahl, Rechnung*.
  ḥesabbesun, *berechnen*.
  ḥesabsaᴋsun, *in Rechnung setzen*.

bọ, *Euter*.
  bọlạ, *Euter-*.
bŏкŭm (a. كم), *Gewalt, Macht*.
  bŏкŭmói, *Machthaber*.

hạ, in:
  haisạ, *jetzt*.
  halsun, *jetzig*.
  haкor, *also*.
  haʂor, *gleichfalls*.
haqil, haqul (a. عقل), G. həqilun, *Verstand*.
  haqillu, *klug*.
  haqilen oulbestun, *argröhnen*.
haćar (ad.), *Schlüssel*.
haʐo (N. ʐsoi), *Wolke*, Pl. haʐoʐɪ, §§ 42, 49.
  hasoba, *Wolken-*.
hamạɪạ (p. هميشه), *immer*.
hamạwar (p. هموار), *glatt, eben*, § 40.
  hamạwarbesun, *ebnen*.
  hamạwarlug, *Glätte*.
hambar (a. انبار), *Magazin, Speicher*.
  hambardar (p.), *Magazininhaber*.
har, G. hartai (p. هر), *jeder*.
  hargalạ, *überall*, § 39.
  harganu,   *»*
  har tạhạr, *allerhand*.
  haraʂ, *allerlei*.
hawạ (a. هوا), *Luft*.
hawai (a. هوائى), *vergebens*.
hawee (N. hawiʐ), *Coriander*.
hạif (a. حيف), *arm, kläglich*.
  hạifesun, *leidthun*.
  hạilbesun, *schonen*.
  hạilbal, *schonend*.
  hạiflug, *Kläglichkeit*.
hạp, *Blasenfuss* (Thrips).
hạlbạt (a. البت), *freilich*.
häbgä (t. حبكا), *Quersack*.
Ilisun, *Jesus*.
hino, *Chinarinde*.
hü (p. هيل), *Cardamom*.
ho, *nun, ja*.
hor, *Augenblick*.
hun (N.), *du*, a. un, § 72.

kakanik (vergl th. gogo), *Kreis, Kopeken*.
  kakaniklug, *Kreisförmigkeit*.
  kakanikbesun, *runden*.
kaкobsun, *glucksen*.
kạʐạdbesun, *räuchern*.
  kạʐạdʐerbalo, *Räucherer*.
kạćạ, *Gurbe*.
kạćip, *Stöckchen*.
  kạćiplamiʐbesun, *Hiebe, Stockschläge geben*.
kạçkun, *Mastix*.
kạćpesun, *kauen*.
kạçpesun, *zerschneiden, zerstören, vernichten*.
  kạçkạçpesun, *zerschneiden*, § 23.
  kạçesun, *vernichtet werden, zerreissen*.
kạʂạ (kạsik. kisạ), Pl. kạsimʊʐ, *Finger*, § 43.
  kɪçkʊ kạʂạ, *kleiner Finger*.
kạt (arm. կաթ), G. kạtai, *Tropfen*.
  kạtpesun, *tröpfeln*.
kạtaʂ, *Hirnschaale*.
kạnɛarik, *Korb* (aus Wurzeln geflochten).
kạptesun, *flicken, ausbessern*.
kạppesun, *ergreifen*.
karampesun, *beissen, nagen*.
karow (arm. կարոս), *Sellerie*.
karç, *Schnabel*.
kartoþil (g. კარტოფილი, kartoþili), *Kartoffel*.
kạlạ (arm. կաղ), *lahm*.
  ʐạtur kạlạ, *auf einem Fusse lahm*.
kạlạsta (wohl aus dem Russischen колacкa),
      Wagen.
kạlpesun, *rufen, lesen*.
  kalesun, *heissen, gerufen, gelesen werden*.
kạʐʊx, *Bart*.
  qi—, *Backenbart*.
kạçl, *blind*.
kạçoli, G. kạçolin, *Gurke*, § 42, 50.
kạnкạl, *Haufen*, —besun, *häufen, zusammen-*
      legen.
karþuć (p. كربج), *Backstein, Ziegel*.
kạwạu, *Wiese*.
käkäþ, G. läkäþun, *Knie*.
kesun, § 92.
kerçal, *Elster*.
kiçi (t. كچى), *klein*, kɪçigạr, Adv.

kiçke, *dass.*
kiçkeluġ, *Kleinheit.*
kiçiluk, *klein.*
kiçiluklug, *Kleinheit.*
kiz (t. اچ), *Filz.*
kizlu, *Filz-.*
kizsaKal, *Filzmacher,* § 35.
kiraз (t. رگ), G. kiraзun, *Kalk.*
kiraзba, *Kalk-.*
kiri, *schräg, gewunden.*
kiribexu, *winden,* kiribaкsun, *sich winden,* § 94.
kirimiri, *schräg, Windung,* § 34.
kirilug, *Windung.*
kirux, *Flechte, Locke.*
koi, *Weinkrug.*
kokoç, Plur. kokoçux. *Huhn.*
Hinttai kokoç, *Truthahn.*
kozlan, *Armband* (vergl. osset. koz, *Hund,* kozdarän, *Ring*).
koз (koзa), G. koзai. koзin, *Haus,* § 14, Pl. koзur, koзurux, §§ 41, 44, 50.
koзmeclug, *Häuslichkeit,* § 37.
koç, *Falte, Biegung, Handhabe.*
koçbesun, *biegen,* bui—, *sich verbeugen, grüssen.*
koçbaкsun, *sich biegen.*
koçbaкsunlug, *Gebogenheit.*
baçankoç, *bucklig.*
koçeu зam, *Henkelkrug.*
koiawar (arm. ...), G. koiawarun, *Kasserolle,* § 49.
koda, G. kodin, *Schaufel,* § 50.
koduġ, *Stirn.*
kodugun uqen, *Stirnbein.*
kodugelpsun, *die Stirn runzeln.*
Kalakoduġlao, *Grossstirn.*
kori, *gewunden, Windung.*
korimori, *Windung,* § 34.
koribesun, *winden, krümmen.*
korilug, *Windung, Krümmung, Biegung.*
kurkori, *schiefbeinig.*
korom, *Lende.*
kormotak, *hohler Baum.*

kowal, *Stock, Stab.*
kowalun bul, *Stockknopf.*
koin, *Mütze.*
koçbaкsun, *nomadisiren.*
koçbaкal ge, *Weideplatz.*
konзux, *Besitzer.*
kua, *zu Hause, nach Hause.*
kuin (aw. kuin, th. kur), *Rauch.*
kuinbesun, *räuchern.*
kuinbaкsun, *geräuchert werden.*
kuinlu, *rauchig.*
kukubsun, *muksen,* § 33.
kuкkub, kuкkun, *Kuckuck.*
kuçaa (kasik. kuoçi), *junger Hund, Welp.*
kucdesun, *erbauen.*
kulisbesun, *rufen (den Hund).*
kunkuri, *Turteltaube.*
kuruk, *Füllen.*
kurkur, *Liebkosung.*
kurkurlug, *Schmeichelei.*
kurkurpesun, *liebkosen, schmeicheln,* § 33.
kurkurkalo, *Schmeichler.*
kurepesun, *schlummern.*
kurekal, *schläfrig.*
kul, G. kullai, *Erde,* § 47.
ooça kul, *Thon.*
maçi kul, *Kreide.*
kürü (t. ىرك), *Caviar.*
kürüserbal, *Caviarbereiter,* § 35.
klini, *Schloss* (p. كلن), § 20.
klinlbesun, *zuschliessen.*

Kal, *hell* (tsch. Kaing), *weiss, glänzend.*
Kagz (a. كاغذ), *Papier.*
Kala (g. ..., Kada), *Beerenkuchen.*
Kano, G. Kanai, Pl. Kanor, *dieser,* § 45.
Kanotai, *der wem gehörige,* § 81.
Kandag, *Thal.*
Kaкtesun, *müssen, nöthig sein,* § 91.
Kaкtala, *nöthig.*
Karxesun, *leben,* § 92.
Karxal, *lebend.*
Kala, *gross, wichtig,* Kalaĝar, Adv.
Kalalug, *Grösse.*

Kalabsun, *gross machen, ernähren, erziehen,*
§ 6.
Kalabal, *Ernährer, Erzieher.*
Kalabakun, *erzogen werden,* Kalabaki, *Zög-*
ling.
Kalababa, Kalbaba, *Grossvater.*
Kalanana, *Grossmutter.*
Kalao, G. Kalatzi, *Häuptling, Chef,* § 35.
Kalanut, *anarchisch.*
Kalanuilug, *Anarchie.*
Kalakoduglao, *Grossstirn.*
Kalabukuala, *grossbäuchig.*
Kalasäslu, *grobstimmig.*
Kalabualla, *grossköpfig.*
Kalaboqmogla, *grossnasig.*
KalKala, *gross, grob,* § 6, 32.
KalKalaiumlu, *mit grossen Wurzeln.*
KalKalaulurba, *grosssahnig,* § 39.
Kalam (g. ჯარაბსა, Kalamaul), *Bastschuh.*
Kalamci, *Bastschuhträger.*
Ka, *Reif.*
Kaio, *Frass,* s. uKsun; vergl. § 10.
cecnai Kaio, *Mottenfrass.*
KaKilik (t. كَلَك), *Schneehuhn.*
Kac, Pl. Kacurux, *Abgrund, Schlucht.*
Kam (p. كم), *mangelhaft.*

Kamo, *Mangel.*
Kambesun, *berauben.*
Kambartlug, *Elend.*
Kaf (p كف), *Schaum.*
Kafenbesun, *begeifern.*
Kar (p. كر), *taub.*
Kärän (a. كر), *mal.*
saKärän, *einmal.*
Kärtbesun (t. كرنك), *schneiden, Einschnitt.*
Kärttesun, *schneiden.*
Käläm (p. كل), *Kohl.*
Kexba, *gegenwärtig,* s. Kul.
Kexke, *anwesend.*
KexbaKsun, *Gegenwart.*
Keze (N. Kete), G. Kezenun, *sauer, Säure.*
Kezelug, *Säure.*
Kezebsuu, *säuern.*

Kozag (t. قزاق), *Schlitten.*
Kep, Kef (a. كيف), *Gesundheit.*
Kefnui, *entkräftet.*
— baKsun, *krank werden.*
Kefsellebakun, *krank sein.*
Ken, *Knoblauch.*
Kiciri, *Gefäss.*
Kizak (p. كيسه), *Beutel.*
Kitpesun, *einschneiden, hauen.*
Kira (a. كرأ), *Miethe.*
Kirenen biqun, *miethen,* — biqalo, *Miether.*
Kirenen curkalo, *Miether.*
kus Kirenen arcai, *Mietheinwohner.*
Kiramendi (N.), *Eichhorn.*
Koci, (g. ქოჯო, Koco), *Gefäss.*
Kotus, *Korb.*
Kor, *so.*
Korgar, *ebenfalls.*
haKor, *also.*
Kolan (g. ქოლანსა, guiani), *Hakenpflug.*
Kol (ad. كل), *Strauch.*
Kollug, *Gesträuch.*
Köz, *schwierig, beschwerlich.*
Közbesun, *erschweren.*
Kömök (t. كومك), *Hülfe.*
Kömür (t. كمر), *Kohle,* § 11.
KuK, *Feder.*
KuKlu, KuKba, *Feder-.*
KuKuzpesun, *lispeln,* § 33.
KuKuzkalo, *Lispler.*
Kuztyk (p. كشتى), *Gürtel.*
Byzo Kuztyk, *Regenbogen.*
Kuztykla, *gegürtet.*
Kunikel, *nüchtern, ohne etwas gegessen zu haben.*
Kunlriz (g. ქუნლრისა, Kunlruza), *Mauern.*
Kur, G. Kurrai, *Loch, Höhle, Grube,* § 51.
Kurru, *auf die Grube bezüglich.*
zene Kur, *Brunnen.*
Kul (t. قول, tab. zeil, kas. kue), (G. Kiu, Pl. Kulur, Kul-
muz, Kexur, *Hand,* §§ 41, 42, 45, 65.
Kin muz, *Fingernagel.*
Kisbalo, *Handarbeiter.*
Kinasbala, *Händewerk.*

Kinberzalo, *Handmühle.*
Kulaui, *handlos,* — aqsun, *Dringlichkeit.*
Kulla uk, *flache Hand.*
Kuldugsun, *anrühren.*
saKulla, *einhändig.*
Kezbesun, *gegenwärtig sein.*
Kulbak, *Cocon.*
KürK (t. كرك), *Pelz.*
Kürsi (a. كرسى), *Sessel, Sitz.*

za, (th. ze), *Wolle.*
zain (a. خاين), *Neider.*
zalnlug, *Neid.*
zazal (g. ......, zazalij), *grober Sieb.*
zaó (p. خاج), G. zaónai, *Kreuz.*
zaś, G. zaśnai, *Mond, Licht.*
zaśnai biqesun }
— beinq } *Mondfinsterniss.*
zaśba, zaśla, *Monat-,* § 39.
zaśixo zaśix, }
zaśba zaś, } *monatlich.*
zaśuuzo baKsun, *Mondsucht.*
zaśuuzo baKl, *mondsüchtig.*
zaś (t. خاش), *Sauerteig, Quass.*
zaśil, *Kissel, säuerlicher Brei.*
zaśzaś (p. خشاش), *Mohn,* § 31.
zaśtesun (wohl von zaó, Kreuz), *taufen.*
zaśtalo, *Täufer.*
zaśteel, *Täufling.*
zaśesun, *getauft werden.*
zaśbala, *Taufvater, Pathe.*
zaśbalug, *Pathenschaft.*

zaz (p. ..., g. ...), *Linie.*
zazzapsun, *linieren.*
zazbesun, »
zazal, Pl. zazalmuz, *Blatt,* § 43, — çepsun, *Blätter treiben, ausschlagen,* § 39.
zazalbarsun, *Blätterfall.*
zazun (a. خزين), G. zaznai, zaznin, *Casse,* § 50.
zaznadar (p. خزينه دار), *Cassierer.*
zaza (a. خلا), *Elend.*
zanźal (p. خاجر, g. ..., zanźali), *Dolch.*
zabar (a. خبر), *Nachricht, Kunde.*

zabar aqsun, *fragen.*
zabar iastun, *benachrichtigen.*
— iadal, ladalo, *Bote, Berichterstatter.*
zabarbaKsun, *benachrichtigt werden.*
zabun (tab. zeder), *Stern.*
zabunlu, *Stern-,* § 39.
ozilla zabun, *Komet.*
purin zabun, purital zabun, *Sternschnuppe.*
zampesun, *rasiren.*
zarabbesun (a. خراب), *verderben.*
zarabbaKsun, *verdorben, zerstört werden.*
zarabbal, *Verderber.*
zaral, *Sack.*
zaróan, *Wacholder,* moug. arza.
zarçap, *Stöckchen.*
zarz (a. خرج), *Ausgabe.*
zarzbesun, *ausgeben.*
zartäg, *Kehle.*
zarpesun, *zusammenfegen.*
zala, *Harke, Rechen, Gabel.*
zala (a. خال), *Mutterschwester, Tante.*
zalik (p. خال), G. zalikun, *Mutterbruder, Oheim,* § 49.
zalikun gar, *Vetter.*
zaliça (t. خليجه), *Teppich.*
zaza, *zerbrochen.*
zazabsun, *brechen, zerbrechen,* § 6.
ukez zazabsun, *beleidigen.*
zazesun, *in Stücke gehen.*
ze (th. u. tsch. zi), G. zeuei, *Wasser,* § 47.
zelu, *Wasser-.*
zeba, *wdssrig, saftig.*
zeuei ba, *Seehund.*
zeue Kar, *Brunnen.*
zeue zalug, *Durst.*
zeneza, *durstig,* —zabaKsun, *dürsten.*
zeue bislun, *Überschwemmung.*
ze zapkal, *Wasserträger.*
ze lastun, *trinken.*
zebsun, *schmelzen* (transit.), zebaKsun, *schmelzen* (intr.).
zeir (a. خير), *Vortheil.*
zesun, § 92.

xel (awar. hir), *Last, Ladung, Fuder.*
  xelbesun, *aufladen, beladen.*
xial (a. خيال), *Gedanke, Meinung.*
  xialbesun, *denken.*
xinär, G. xinärpa, *Mädchen, Tochter*, Pl. xinär-
  myr, § 43.
  xioärlyg, *Mädchenschaft.*
xinkal, *Pfote.*
xib, *drei*, § 68, xibalea, *ihrer drei*, § 70.
  xibsamat, *Dienstag*, § 171.
xo (th. xaar, *wissen*), *wisse.*
xo, *Thau* (vergl. th. ixire, *thauig*).
xoiš, *Gebet.*
  xoišbesun, *beten.*
  xoišbalo, *Beter.*
  xoišbala namaz. *Gebet.*
xod (awar. guel, g. bȝ, xe), *Baum*, G. xoddai,
  xodin, §§ 24, 47 50.
  xodba, xodlu, *Baum-.*
  xodal çuresun, *erstarren.*
xonča, *Mulde.*
xorik, *Körbchen, Schächtelchen.*
  xorikun xod, *Tanne.*
xorpesun. *abnutzen, schartig machen.*
xorbesun, *herbeischleppen.*
xöräğ (p. خوَرَک), *Futter, Nahrung.*
xoçurbesun, *wickeln, einwickeln.*
xuni, (N. xuini), *Weibchen, Stute.*
  xuni eq. *Stute.*
  — egel, *Schaaf, Mutterschaaf.*
  — ba, *Hündin.*
  — çue, *Bärin.*
  — xel, *Ziege.*
xunči, G. xunčei, *Schwester*, Pl. xunčimux, §§ 43.
  48.
  xunče gar, *Schwestersohn*
xup, *Pilaw* (türkisch. Reisgericht).
  xupeğ qoqla, *Eierkuchen.*
xujär (N.), *Mädchen, Tochter*
xura, *klein, zerbrochen, xuragar*, Adv.
  xura xad, *Bruchtheil.*
  xuruluğ, *Kleinheit.*
  xurubsun, *klein machen, zerbrechen, zerspal-
    ten*, § 89.

xurubaksun, *in Stücken gehen.*
xuruxuru, xurxuru, *Kleinigkeit*, §§ 6, 32.
xrpxrpbesun, *knistern.*

ga, G. gaei, ganei, *Stelle, Bett, Lager*, Pl. gamux, §§ 43, 47, 155.
  amçi ga, *Einöde.*
  galuğ, *Örtlichkeit.*
  gala, *statt*, § 152, hargala, *überall.*
  xagaou, *zusammen.*
gam *warm* (vergl. p. گرم).
  gamdesun, *wärmen, anfeuern*, § 91.
gamai, *Wasserkrug.*
galpesun, *sich bewegen.*
  galdesun, *in Bewegung setzen*, z. B. bei, *den
    Kopf schütteln.*
  galgaldesun, *schaukeln*, § 33.
gawal, G. gawalya, *Sack.*
gäh-gäb (p. گاه-گاه), *bald-bald*, § 135.
gäzängü, *Nebel.*
gärdesun, *schütteln, aufrühren.*
  gäresun, *geschüttelt werden.*
gärämzä (arm. գերեզման), *Grab.*
  gärämzälyğ, *Leichenacker.*
gärek (t. گرک), *nöthig.*
gez, *Küchengarten.*
gena, *aber*, § 193.
geng (t. گنگ), *Breite.*
  gengbesun, *erweitern.*
gergec, *Kirche.*
  geryecun bul, *Kuppel.*
gi, *wenn*, §§ 115, 139.
gija, *Galle.*
giresun, *sich häufen, sammeln.*
  girbesun, *anhäufen.*
  girbestesun, *anhäufen lassen.*
girow (p. گرو), *Unterpfand.*
gila, *Korn.*
gogia (N. göin), *grün, blau.*
gogan, *verfault, erschöpft, mager.*
  gogunbesun, *erschöpfen.*
  gogunbaksun, *sich erschöpfen, verfaulen.*
gon (arm. գոյն) G. gonnai, *Farbe.*

goniaiwun, *verbleichen, verschiessen.*
gon aqesun, *bleich sein,* gon aqeci, *bleich.*
çoçə goulə, *röthlich.*
gom, G. gomnai, *Farbe,* § 47.
gombesun, *färben.*
gombalo, *Färber.*
gom dugsun, *gründen, Grundfarbe auftragen.*
gomladslo, *Farbenreiber.*
gorux (N. gorox), *kläglich.*
goroxesun, *Mitleid haben.*
goroxeǥal, *barmherzig.*
güg (t. كوك), *Himmel.*
gögnai, *himmlisch.*
gögär (t. كوكرمن), *Traube,* N. gijər.
gödäg (t. كوك), *kurz.*
gödänä (t. كودن), *Darm.*
gömiä (p. كارمين), *Büffel.*
göl (t. كول), *Pfütze..*
gölü (N. gelə), G. gölüzi, *viel,* § 170.
gölöbaksun, *sich vermehren.*
gölölug, *Vielheit.*
gölöbuqalo, *Liebling, Vielgeliebter.*
gugol, *Eule.*
gugupsun, *summen,* § 6, 33.
gungul, *Käfer.*
gurəl (aw. gurde, g. ليبسمه, kwarti), *Hemd.*
guresun, *einstürzen.*
gurdesun, *zerstören, vernichten.*
gurdak, *Nieren.*
    iurin gurdak, *Waffe.*
gul, *feines Sieb.*
Gүrʒ (p. گرج), *Georgier.*
Gүrʒistan (p. گرجستان), *Georgien.*
günəb (p. گناه), G. günəhyo. *Sünde,* § 11.
günəhlu, *sündig.*
gündä, *Klumpen, Kloss.*
gündärü, *Melone.*
gümiš (t. كروش), *Silber,* § 11.
gürüpesun, *donnern.*
gürdüm, *Block, Klumpen.*
gyrgyzpesun, *lächeln,* § 33.
ǧain, *scharf.*
ǧainbesun, *schärfen.*

ǧainə. *Krähe,* § 42, Pl. ǧainaux.
ǧaie, N. *zwischen,* s. qaii.
ǧaa, N. *und,* s. qaa.
ǧaajil (g. مس0دهه), *Traubenkirsche.*
ǧar, *Sohn, Jüngling,* Pl. ǧarmux, § 43.
    wiçe ǧar, *Brudersohn.*
    xunçe ǧar, *Schwestersohn.*
    beçeei ǧar, *Bräutigam.*
ǧarǧain, *tapfer, Held, Riese.*
ǧarǧainlug, *Tapferkeit.*
ǧaç, *Bündel, Bund.*
ǧaçpesun, *zubinden, einspannen,* pul—, *beaufsichtigen.*
ǧaçesun, *zugebunden werden, Vertrug.*
ǧaçkala, *Verband,* qoq—, *Halsbinde.*
ǧi, G. ǧinei, *Tag,* § 42, Pl. ǧiux, § 46.
ǧinaxun, *bei Tage.*
qiǧi, *Mittag.*
ǧineal, *Kohle (schwarze).*
ǧirux, ǧurux, *Fasten,* § 18.
ǧoǧma, G. ǧoǧmin, *Traube.*
ǧui (kasik. guanax), *dick.*
ǧuigui, *sehr dick,* § 38.
ǧuibaksun, *dick werden.*
ǧuiqolen, *starkrindig.*
ǧuitumlu, *dickwurzlig,* § 39.
ǧuitamar, *Muskel.*
ǧuʒa, *Flieder, Hollunder.*
ǧusme, *Käse.*
ǧv, G. ǧunei, Pl. ǧuor, *Haase,* § 47.

čall (N. čell), *Schmutz, Sumpf.*
čax (abch. çaa, th. pəa), G. čaxnai, *Eis.*
    čaxnai ǧak, *Eisscholle.*
čaxba, *eisig,* § 39.
    čaxesun, *zu Eis werden, sich erkälten.*
čaxbiqsun, *erfrieren.*
    čaxbotal, *Eishauer.*
    čaxewkesun, *kühlen, erkälten,* § 92.
čaxpesun, *melken.*
    čaxesun, *gemolkt werden.*
čaxmax (t. چقمق), *Feuerstahl.*
    čaxmaxun ǧe, *Feuerstein.*
    čaxmaxun iur, *Flintenhahn.*
čaǧ (t. چاغ), *Zeitpunkt.*

čaŋgal (p. جنگال), *Gabel.*

čap (arm. ....), *Maass.*

čamič (arm. ....), *Rosine,* s. qari tul.

čamča, *Schöpfgefäss.*

čar, *Paar.*

čaraq, *Braten.*

čarksun (N.), *beendigen.*

čarx (p. چرخ), *Rad.*

  furudal čarx, *Seilerrad.*

čal (kum.), G. čallai, *Zaun.*

  čalpesun, *einkegen.*

čal (p. چال), *grau, weisshaarig.*

  čalčal, *sehr grau,* § 83.

čalaqdesun, *hinken,* § 91.

čalxesun, *bekannt werden.*

  čalxal, *Bekannter.*

  čalxestesun, *bekannt machen.*

čarčo (g. ....., čarčo, p. ....), *Geflecht, Rahmen.*

čali (th. čar, aw. čua), *Fisch;* vergl. S. 8, § 50.

  čaliqučkal, *Wasserrabe.*

  qoča čali, *Lachs.*

čänä (th. čanik, tab. čane), *Kinn.*

čäräx (t. ....), *Dessert, Leckerbissen.*

  čäräzluǧ, *Leckerhaftigkeit.*

  čäräzbesun, *Dessert essen.*

čixarxesun (p. ....), *beendigen, erreichen,* § 92.

  čixarxestesun, *loskaufen.*

čičsun, čičtun, *herausführen, herausnehmen,* § 24.

  ažuǧ čičalo, *Rächer.*

čii (t. ...., arm. ....), *bedruckte Leinwand*

čibux (auch čiwux), G. čibuxun, *Weib,* s. čubux.

  čibuxlu, *Weib.*

čimöraǧa (N. čimčiraǧ), *Band.*

čiraǧ (p. ....), *Kerze.*

čil, *Perle.*

čoxa (p. ....), G. čaxin, *Rock,* § 50.

čobal (auch čowal), *Sperling.*

čombaq (t. ...., auch ....), *Ofenkrücke.*

čolaq (t. ....), *lahm.*

  čolaqdesun, *hinken.*

čöktesun (t. ....), *knieen.*

ču (t. جوى), *Keil.*

  čune iǎhar, *keilförmig.*

čuksun, *ausziehen aufreissen, zerreissen.*

  čuKčuKsun, *zerrissen.*

čugur (t. ....), *tief.*

  čugurgar, Adv.

  čugurluǧ, *Tiefe;* čugurbesun, *aushöhlen.*

čupur (t. ...., *blatternarbig*), *Eiter* (nach Berger's Mittheilung ist diese Bedeutung jedoch zweifelhaft), s. mar.

  čupurlu, *eiterig,* §§ 24, 39.

čubux, čibux, *Weib,* § 7, 18, 25, 42, 64.

  čubuxlu, *beweibt.*

  čubux aqsun, *heirathen.*

čur, G. čurrai, *Kuh,* § 47.

čuresun, *getragen, geführt werden, gehen.*

  čurpesun, *stehen.*

  čurewkesun, *tragen, führen.*

  čurewkal, *führen,* § 35.

čuaKi (p. ....), *wenn.*

ča, G. čaei, Pl. čaur, *Strick,* § 47.

čaq, *Donnerschlag* (vergl. ل ....).

čakpesun, *auswählen.*

  čakesun, *ausgewählt werden.*

čaǧar, *blond.*

  čaǧar xinär, *Blondine.*

čana, *vergoldlich.*

  čana ali, *alberne Rede.*

čap, *Weinrebe.*

  iullai čap, *dasselbe.*

čapbesun, *verstecken, auslöschen.*

  čapbaKsun, *sich verstecken, verlöschen.*

  čapKin, *heimlich.*

čain, *Butler.*

čagi, *langsam, zögernd, spät.*

  čagiluǧ, *Langsamkeit.*

  čagibaKsun, *sich verspäten.*

  čagibsun, *zögern.*

čalaǧ, G. čalagun, *Wald.*

čoqsun, *ausklauben.*

česun, *ausgehen, hervorgehen, hervorgebracht werden, Ausgang.*

  čeri, *hervorgegangen,* im čeri, *Neuling.*

laxo çamu, anwachsen, izo çamu, in Verges-
senheit gerathen.
çepsun, ausführen, austreiben.
xaxal çepsun, Blätter treiben, ausschlagen.
çewkesun, vertreiben, ausführen, ausgeben, § 92.
izo çewkesun, vergessen.
izo çewhi, vergessen.
çebaksun, vorübergehen.
çebakestesun, vorübergehen lassen, begleiten.
çik, Ast.
çikarampesun, zerkratzen.
çigsun, eilen.
araba çigal, Kutscher.
oqa çigal, Abhang.
çigestesun, antreiben, eilen machen.
çinkor, Kresse.
çilik, G. çilikun, Klaue.
çot, G çottai, Ufer, Rand.
çotlug, Ende, § 37.
çuçubsun, murren, § 33.
çuçubalo, Murrer.
çuplaq (t. چوپلق), N. çiblag, nackt, § 10.
çuplaqlug, Nacktheit.
çupçuplaq, sehr nackt, § 32.
çuppesun, köpfen.
çupçuppesun, springen, § 33.
çurumçurumpesun, sich dehnen, sich recken, § 33
çur, kraus.
çurçur, gekräuselt, gedreht, gewunden, §§ 32,
38.
çurçurlug, Kraušheit.
çurçurbaksun, sich zusammenziehen.
çuresun, sich zusammenziehen, sich drehen.
qqanal çuresun, verknöchern.
xodal çuresun, zu Holz werden.
çurpesun, zusammenziehen, biegen, drehen, § 33.
baçurpesun, einwickeln.
caxpesun, auspressen, drücken, ringen.
caxesun, ausgepresst, besiegt werden.
caxcaxpesun, zerstückeln, zertreten, § 33.
cae, Pl. cacur, Stachel, Dörnicht.
caeba, stachelig.
caebegal, Igel.
caelug, Stachelhaftigkeit.

captesun, schütteln, klopfen, §§ 25, 91.
campesun, schreiben, campi, bunt.
camesun, geschrieben werden.
cae (arm. ցեց), Motte.
coenai kaio, Mottenfrass.
cicik (t. چیچک), Blätter.
cisun, hinabgeführt werden, hinabsteigen.
cipsun, ausgiessen, ausstreuen.
koduq cipsun, die Stirn runzeln.
cirik, bis, § 164.
cil, Same.
ciwarpesun, regnen wollen.
ciwkesun, hinabfahren, § 92.
co, N. co, Gesicht, Person, auch Rahm, § 11.
cola, coba, Gesicht-, § 39.
coba co, entgegen, zugegen.
cobacobsun, überführen.
cobacobaksun, überführt werden.
coqqua, rücklings, — co, verkehrte Seite.
co oqa, auf dem Gesicht liegend.
bip co, ringsum.
cameeitai co, Copie, Abschrift.
berrai co, Kissenüberzug.
comor, Thür, § 11.
comocah, Grobian.
cukun, Speichel.
cuxesun, gleiten, eindringen.
cuxtasun, einstecken, einschlagen.
cupsun, abschälen, rupfen.
cuesun, abgeschält werden.
quinai cuesun, Mausern.
caxpesun, klopfen, stampfen, treten.
caxesun, geklopft, getreten werden.
caxkal, Klopfer.
caa, Nabel.
caosun, mähen.
cabul (g. ქართ?), Kastanie.
caw (N. cal), Glanz.
cawdesun, glänzen.
caçi, Drossel, Staar.
burgoi caçi, Steindrossel.
cakpesun, kneten, einschneiden, stampfen.
cakesun, gestampft werden.
çi (th. çe, aw çar), G. çiei, Name, S. 8, § 47.
çiba, çila, Namen-.

çilug, *Namhaftigkeit.*

çl iastan, — iaxsun, *benennen.*

çiq, *Eichhorn,* G. çiqnai.

çiçik, *Brustwarse,* Pl. çiçikur, çiçikmuz, §§ 41, 42.

çiçik iadal, *Amme.*

çindak (g. ꭼobꭼꭴ, çinda), *Strumpf.*

çirik, *Hühnchen, Küchel.*

çirit, *Schrei.*

çiritpesun, *schreien.*

çil, *glühende Kohle.*

çili (g. ꭼoꭼꭴ, çili), *Loos.*

çorasun, *fliessen, herausfliessen* (th. cor, *Tropfen*).

çorobsun, çorobosun, *ausgiessen, filtriren.*

çoragal agla, *Platsregen.*

çoçx (N. çöçx, vergl. th. çeig, çegi von ee, *Blut*), *roth.*

  çoçx kul, *Thon.*

  — qoq, *Lerche(?).*

  — oçli, *Lachs.*

  — bai, *Kirsche.*

  çoçxbsun, *röthen.*

  —baksun, *roth werden.*

  çoçxlug, *Röthe.*

çuxegxlo, *possierlicher Mensch.*

çumpesun, *saugen, sich nähren.*

  çumpesiosun, *säugen, nähren.*

  çumosun, *gesogen werden.*

  pi çumkal, *Blutegel.*

çuçupsun, *mischen, kneten.*

  çuçyesun, *geknetet werden.*

çykypsun, *schreien.*

ჯaxpesun, *schaudern.*

ჯabil (a. عامل), *jung.*

  ჯabillug, *Jugend.*

  ჯahilbesun, *jung machen.*

ჯadubesun (p. جادو, *Zauberer*), *zaubern.*

  ჯadubaz, *Zauberer.*

  ჯadulug (جادولق), *Zauberei.*

ჯau (p. جان), *Seele.*

ჯanawar (p. جانور), *wildes Thier.*

  ჯanawarlug, *Wildheit.*

ჯapa, ჯafa (a. جفا), *Sorge, Mühe.*

ჯam, (p. جام), *Gefäss,* koçen ჯam, *Henkelkrug.*

ჯarax (a. جراح), *Arzt.*

  ჯaraxlug, *Doktorschaft.*

ჯeჯer, *Lippe.*

ჯemi (a. جمع), *Summe.*

  ჯemitux ababakesun, *bekannt gemacht werden.*

  — ababakestesun, *bekannt machen.*

  ჯemilug, *Allgemeinheit.*

ჯerga (t. جرك), *Furche.*

  ჯerga serbesun, *furchen.*

ჯiჯikal, nach Berger ჯirჯirkal (th. çriçi), *Grille.*

ჯida (t. جدا), *Speer.*

ჯiu (a. جن), G. ჯinnai, *Teufel.*

  ჯiubaz, *Geisterbanner.*

ჯib (t. جيب), *Tasche, Buch.*

  ჯibnai eq, *Einhand.*

ჯir (p. جير, *Abhang(?).*

  ჯir ömq, *Erdbeere.*

  ჯir balanqo, *Himbeere.*

ჯok (t. جوق), *ausser, verschiedenes,* §§ 137, 162.

  ჯokჯok, *besonders.*

  ჯokbesun, *theilen.*

  ჯokbaksun, *sich zertheilen.*

  ჯokgi, *neulich.*

ჯolaq (p. جولا), *Spinne.*

ჯugabbesun (a. جواب), *antworten.*

ჯurdak, *Gefäss.*

ჯüä, ჯüwä (p. جيوه), *Quecksilber.*

ჯet (a. زيتون), G. ჯettal, *Olivenöl,* §§ 24, 47.

  ჯetba, *Öl-,* § 39.

ჯira (p. جيره), *Kümmel.*

ჯyltapy, *Pfingstvogel (Oriolus Galbula).*

შahatlama (a. شهادت), *Beweis.*

შag, *Tröpfchen, Pünktchen.*

  šagdesun, *besprengen.*

  šagdal zad, *Weihwedel.*

šagapesun, *rühren, bewegen.*

šad (p. شاد), *vergnüglich.*

tadbesun, *vergnügen.*
tadlug (t. شادلق), *Vergnügen.*
tanbesun, *stechen.*
tanbaksun, *gestochen werden.*
tapesun, *jagen.*
tap (شاب), *Alaun.*
tapax (a. شنق), *Glans.*
  tapax lastun, *glänzen.*
  tapax ladal, *glänzend.*
tamat, *Woche, Samstag.*
  pa tamat gi (p. درشنبه), *Montag,* § 171.
  xib tamat gi (p. سشنبه), *Dienstag.*
  bip tamat gi (p. چهارشنبه), *Mittwoch.*
  jo tamat gi (p. پابشنبه), *Donnerstag.*
talwar (p. شلوار), *Hosen.*
tawat, *Schönheit.*
  —baksun, *schön werden.*
  tawatlug, *Schönheit,* § 37.
tain, *nass.*
  tainlug, *Nässe.*
  tainbesun, *anfeuchten.*
takar (p. شكر), *Zucker.*
tabar (p. شهر), *Stadt,*
  tabarlu, tabarru, *Stadt-,* §§ 24, 39.
tei (a. شیء), *Sache.*
teitan (a. شیطان), *Satan.*
tet, *Schnauze.*
  tetlu, *Schnauze-.*
tete, *deshalb.*
  tete te, *weil.*
tere, *welk, runzelig.*
  terebesun, *welk machen.*
  terelug, *Welkheit.*
tel, *gut,* § 170.
  telgar, Adv.
  telbesun, *gutmachen, heilen, begrüssen.*
  telbala gib, *Arzneibuch.*
tiklan, *Lauch.*
tikijat (a. شكایت), *Klage.*
tip, *schweigsam.*
  tiplug, *Schweigen.*
  tipbaksun, *schweigen.*
tirang, G. tirangun, *Wasserkrug,* § 11.

tirit, *Kleister.*
  tiritba, *klebrig, zäh.*
tono, Pl. tonor, *er,* §§ 16, 45, 72.
tor, *so.*
  torte, *als wenn.*
  hator, *gleichfalls.*
torba (p. شوربا), *Brei.*
tu, *wer,* §§ 35, 83.
  tuo, *irgend einer,* § 85.
  tubakain, *irgend wer,* § 85.
  tukal, *irgend wer,* § 85.
  tukallo, *niemand,* § 86.
tu (kasik. xu), G. tunei, *Nacht,* § 47.
  tune byg, *Mitternacht.*
  qisu, *Mitternacht.*
  itsuu, *Nachts.*
  xaila tu, *Mondnacht.*
tumal (a. شال), *Schössling, Zweig, Ruthe.*
tukur (a. شكر), *Ruhm.*
tampesun, *schlachten, opfern.*
  tamesun, *geschlachtet, geopfert werden.*
tarpesun, *zusammenziehen, flicken, zerknittern, reiben, z. B. pez, das Auge.*
ta oder tat, *Sand.*
tolot, *Flöte.*
tue, N. tuje (kasik. cuta, tab. ta), G. tuonna, *Bär,* § 49.
  xual tue, *Bärin.*
  tuenna eq. *Bärenfleisch.*
  — potik, *junger Bär.*
tuet (g. zoono, twili), *Dill.*
tumak, *Weibchen.*
tul (kasik. culsa), *Fuchs.*
  tule iul, *Füchslein.*
tum, *Brot.*
sa, *so* (tab. sab), *eins,* §§ 6, Anmerkung, 67, 80.
  sao, *allein, einzig,* § 35.
  saun, *der erste* §, 67.
  saema, *einige.*
  te sa, *anderer.*
  saal, *nochmals.*
  sale, *keiner,* § 86.
  saalte, *niemals, durchaus nicht.*

saqaral, *auf immer, immer.*
sakārā, *einmal.*
saki, *ein wenig.*
sakial, *noch.*
sakulla, *einhändig.*
sazasual, *einmonatlich.*
sagazu, *zusammen.*
— aqsun, *aufkaufen.*
sa iṣhạr, *irgend wie.*
sule, *unter einer Bedingung.*
suwazlu, *Zeitgenosse,* § 39.
saṗza, *eins, allein.*
saqtesun, *verstümmeln,* § 91.
sahai (a. ساعت), *Stunde.*
saksun, *werfen, legen,* § 87.
saksesun, *geworfen werden.*
ad saksun, *stänkern.*
oqu saksun, *hinabwerfen.*
har as saksun, *sich unterhalten.*
kiz sakai, *Filzmacher.*
saǧ (t. صاف), *ganz.*
sasamer (arm. ـــــ‌ـ‌غ‌ه), *Gevatterin.*
saujag (t. ‌مانيق, *einstecken), Stecknadel.*
saniur (t. صنور ,صنتور), *Pandore, Cymbel.*
sapan (t. صبان), *Schleuder.*
sapun (a. صابون), *Seife.*
sapunba, sapunlu (t. صابونلو), *Seifen-,* § 36.
sapunenbesun, *einseifen.*
sapunći (t. صابونچى), *Seifer,* § 36.
sawegarda (vom g. sami, *drei,* u. garda, *ausser), überübermorgen.*
samegena (vom Georg. სამ‌ი, sami, *drei* und ǵi, *Tag), übermorgen.*
sarsag, *Bauer.*
saḥral (a. سرصل), *Gränze.*
sazad (t. سند), *Wechsel.*
samkal, *Pilz.*
sās (a. س), *Stimme, Ruf.*
sāsbesun, *sprechen, tönen.*
sās alalu, *laut.*
Kalasālų, *starkstimmig.*
seir (a. سير), *Spaziergang.*
seirbesun, *spazieren.*

seirluǧ, *Spaziergang.*
seri, *wahr, wirklich, serseri, in der That,* §§ 6, 32.
serbesun, *machen.*
serbal, *Macher,* § 89.
sresun, *gemacht werden.*
serei, *gemacht.*
sewöe, *Schwager, des Mannes Bruder.*
sis (p. سبز), *Stachel.*
sisamikbesun (t. صنامق, صنافش), *prüfen,* § 98.
sini (p. سينى), *Schüssel.*
sipur, *Wittwe, Wittwer,* s. supur.
sipurluǧ, *Wittwerthum.*
simsi, *Pfeife, Hirtenpfeife.*
solaza (t. صول), *links.*
— ạm, *linke Seite.*
sowdskär (p. سوداكر), *Kaufmann.*
sustbesun (p. ست), *entkräften.*
sustbaksun, *kraftlos werden.*
sun, *Ellbogen.*
supur, N. süpür, *Wittwe,* s. sipur.
supra (a. سفرة), *Tisch, Tischtuch.*
subuk (p. سبك), *leicht.*
subukluǧ, *Leichtigkeit.*
subukbesun, *erleichtern.*
surat (a. صورت), *Bild.*
surak, *hängend.*
surukesun, *hängen.*
surukbesun, *aufhängen.*
supla (پ‌ق, supla), *rein, sauber.*
sümbül (a. سنبل), *Ähre.*
syx (t. سق), *oft.*

taag (p. تنگ), *Rost.*
tangenbaksun, *verrosten.*
tihpesun, *in Bewegung setzen, schütteln.*
to, G. tenei, *Stein.*
telu, *Stein.-*
tebaksun, *zu Stein werden.*
za in:
xeneza, *dürstend.*
xenezaluǧ, *Durst.*
xenezabaksun, *dürsten.*

zahla, *Langeweile, Ekel.*
  zahla taisun, zahlnax taisun, *Ekel erregen.*
zad (t. زاد), Pl. zaduroz, *Sache,* § 44.
  zuru zad, *Bruch.*
zap, *Gewicht.*
  zapsun, *ziehen, führen, rauchen,* § 96.
  az zapsun, nafas zapsun, *athmen.*
  qaraul zapsun, *wachen.*
  zaz zapsun, *Linien ziehen.*
  zapkal, *Zieher, Raucher.*
  ze zapkal, *Wasserträger.*
zalpasun, *sieden.*
  zalka, *siedend.*
  zalkalamiäbesun, *abbrühen.*
  zalkaluğ, *Abbrühung.*
  zaldesun, *brühen machen.*
zäng (p. زنگ), *Glocke.*
  zäng duğsun, *läuten.*
zäräl (ad. vom a. ضرر), *Schaden.*
  zärälliğ, *schädlich.*
  zärälluğ, *Schaden.*
zeit, zat, *Öl,* s. zet.
  zetha, *Öl-.*
  zeitun taslun, *einölen.*
zerasun (vergl. p. زور), *schön sein, Schönheit,* § 92.
  zaroel, *schön, geputzt.*
  zerewkesun, *Schmuck.*
  zerewkestesun, *schmücken,* § 92.
ziklamo, *Schaukel.*
  ziklamostun (eig. ziklamodesun), *schaukeln.*
  ziklamoesun, *geschaukelt werden.*
  zikzikdesun, *schaukeln,* § 33.
zigil (t. زكيل), *Warze, Leichdorn.*
zizam, *Mils.*
zid, *Ulme,* § 47.
  ziddai zod, *dass.*
zido, *Eisen,* S. 8, Anm.
  zidonuu daztak, *Eisenblech.*
  zidolu, *eisenhaltig.*
zimzim, *Zögern,* § 31.
zijan (p. زيان), *Nachtheil, Schaden.*
ziriaz (p. زرشك), *Berberitze.*
zilağ, *Schnitt, Schreibe.*

zoqal (t. زغال), *Mispel.*
  zoqalbesun, *rechnen, zählen.*
  zoqalazo çeasun, *abrechnen.*
  zoqalesun, *gezählt werden.*
zombesun, *gewöhnen, lehren.*
  zombaksun, *gewöhnt werden, lernen.*
  zombakal, *Schüler.*
  zombauiluğ, *Ungewohnheit,* § 37.
zor (p. زور), *Macht, Kraft, Gewalt.*
  zorlu, zorba (t. زورلو), *mächtig,* § 24, 39.
  zorbesun, *zwingen.*
  zorambestesun, *anstrengen.*
  zorenbi, *gewaltsam.*
zoğul,
  qari zoğul, *Sommer.*
  däi zoğul, *Frühling.*
zomqoz, *Mühle.*
  zomqoz efal,
  — begal, } *Müller.*
  zomqo za, *Mühlstein.*
zoļ, *Riegel, Stöpsel.*
  zoļ duğsun, *zuriegeln.*
  zoļenbesun, *einstecken, einstopfen.*
zu, *ich,* § 72.
  zuz, *ich selbst,* § 76.
zuk, *Spindel, Spinnrocken.*
zumqz (kasik. zumabag), *Mund.*
  zenel zumqz, *Mündung.*
  zumqz koribesun, *den Mund verziehen, Grimasse.*
zumurud (p. زمرد), *Smaragd.*
zyktesun, *schütteln.*
zygbesun, *zerreissen.*

zu statt zai, §§ 9, 148.
zaia (t. تانى مق), *bekannt.*
  zaialuğ, *Bekanntschaft.*
  zaiabaksun, *bekannt werden.*
zaina, *Hirse.*
zazsir (a. نصمر), *Schuld.*
  zazsirlu, *schuldig.*
  —besun, *beschuldigen.*
  zazsirluğ, *Schuld.*

taxt (p. نفت), *Bett.*

taga, *dorthin.*
   taga maga, *hin und her.*

tat (th. tut, aw. tot), G. tattai, Pl. tatar, *Fliege,*
   s. S. 8.
   tatbiqnlo, *Fliegenfänger.*
   uçei tat, *Biene.*

tatmer (arm.), *Hebamme.*

tanket (p. تنكو), *runder Korb.*

tanxa, *Capital.*
   tanxači, *Capitalist,* § 36.

tam, *Geschmack* (ob vom arab. طعام?).
   taman, *schmackhaft.*
   tamnax begsun, tam begsun (vergl. Oss. ad ynûn,
      Sjögr. S. 350), *schmecken, kosten.*
   tamenilug, *Schmackhaftigkeit.*

tamar (t. لمر), *Ader.*
   tamarba, tamarlu, *Ader-.*
   gui tamar, *Muskel.*

tartmišbesun, *berauben.*

taqpesun, *stechen, hineinthun, einschlagen.*
.   taqtesun, *einschlagen,* § 91.
   taqesun, *eingeschlagen werden.*
   taqqaqtesun, *klingen, schellen.*

täktük (p. ؟), *selten.*

te, Pl. teur, *Nisse,* § 41.
   teba, *Nisse-.*

te, *jener.*
   tewant, *damals.*
   te co, *jenseits,* § 152.
   te sa (jener einer), *anderer,* § 82.
   tel eirik, *bis dahin.*
   telin melin, *von dort und von hier.*
   tia, *dort.*
   tia mia, *irgend wo.*
   tigi, *sich da.*
   tema, *soviel.*

tekal, *Heuschrecke.*

tesun, §§ 88, 91.

tetir, G. tetirun, *Alphabet.*

tik (arm. =l4), *Schlauch, Weinschlauch.*

toi (t. طوی, com. toy, Lex. Petrarchae, p.
   144), *Hochzeit.*

---

tot (vergl. t. المن), G. totun, *Äusseres, ausserhalb,* §§ 137, 152.
   tottan, *von aussen her.*
   totlug, *Äusserlichkeit.*

totan (t. طوشان, *Hasse*), *Kaninchen.*
   totanun likar, *Hasenfährte.*
   totampesun, *ausfegen.*
   totamesun, *ausgefegt werden.*

tol, *Haut, Fell.*
   qalla tol, *Lammfell.*
   tollu, *von Fell.*

tolmux (g. ܬܘܠܡܥܕܐ, toloma), *Pelz.*

togol, *neben,* §§ 137, 152.
   togoxo, *vorbei,* §§ 134, 137, 152.

tu, *Pronominalsuffix der dritten Person Sing.*,
   § 100.

tussag (g. ܛܘܣܩܐ, tusagi, t. طونساق), *Gefangener.*
   tussagbesun, *gefangen nehmen.*
   tussaglug, *Gefangenschaft.*

tutu, *Zittern.*
   tutupsun, *zittern,* § 33.
   tutukal, *Zitterer.*
   tutustun, *schütteln,* z. B. *den Kopf,* § 91.

tun (N.), *Pronominalaffix der dritten Person
Plural.*, § 77.

tunkuristun, *rollen, wälzen,* § 91.
   tunkuriesun, *gerollt werden.*

tuntux, *Bürzel.*

tunpesun, *näseln.*
   tuntun, *Näseler,* § 31.

tum, *Dickicht.*

tumpalaq, *Kollern.*

turi, G. turin, *Faden, Zwirn.*
   turiba, *Adj.*

tul, G. tullai, *Weinbeere,* § 51.
   qari tul, *Rosine.*
   tullai çap, *Weinrebe.*

tüp (t. ترب), *Rettig.*

tümpük, *stutzschwänzig.*

trubsun, *summen.*

la, *Präposition,* § 138.

laj (p. تاج), *Krone.*

tatsun, *führen, tragen, gewinnen,* § 24.

laisun, *getragen werden, gehen, kommen*, §§ 6, 17, 96.
  ija laisun, *sich nähern*.
  uklaisun, *ohnmächtig werden*.
  goulaisun, *verbleichen*.
lastun (elg. ladesun), *geben*, §§ 6, 91, 93, 96.
  uk lastun, *erheitern*.
  elmux lastun, *den Geist aufgeben*.
  baq lastun, *vergelten*.
  xabar iastun, *benachrichtigen*.
  xe lastun, *tränken*.
  iadal, *Geber*.
  ladoci, *gegeben* (v. ladesun, *gegeben werden*).
Talar (p. تانار), *Muselman*.
  islariug, *Islam*, § 37.
lapan (arm. ـــــقــب), *Mulde, Trog*.
  uçei latta lapan, *Bienenstock*.
iapšurmisbesun, *einhändigen*, § 89.
lapsun (wohl elg. iappasun), *schlagen*.
  lapkal, *schlagend*.
  lapkalo, *Schlägel*.
  lapiuppesun, *schelten, kämpfen*, § 34.
  lapasun, *geschlagen werden*.
  laplappesun, iaptesun, *klopfen*.

iabag (a. لبج), *Bogen (Papier), Schwinge*.

iam (a. نام),
  iamam, *ganz, im Allgemeinen*.
  iambesun, *rollenden, erfüllen*.
  iambal, *Vollender*.
  iambaksun, *vollendet werden*.
iamatabala (a. لابا), *Spielzeug*.
iarapsun, *sich drehen, verrathen, untreu werden*.
  iarakal, *verrätherisch*.
  iarapi, *verrathen*.
  iarastun, *drehen, übertreten, umgeben*, § 91.
  iaradal, *drehend*.
  iaraesun, *umgeben werden*.
iaral, *faul*.
  iarallug, *Faulheit*.
iarsa (a. فرن, lat furnus), G. iarsin, *Ofen*, §§ 11, 50.
iawad (g. ـــگــه, iawadi), G. iawaddai, iawadun, *Fürst*.
  iawadlug, *Herrschaft*, § 37.

iabar, *Art, Weise, Methode*.
  aa iabar, *irgendwie*.
iars (p. نرس), *Unglück*.
iak (p. ناك), *ungerade Zahl*.
iag (t. ناغ, *Zweig*.
iagär (p. تگرگ), *Hagel*.
iangi (russ. хемги), *Geld*.
  iangi botalo, *Münzer*.
iaabah (a. تنبه), *Strafe*.
iäpikbesun, *hinten ausschlagen*.
  iäpikdugsun » »
iämöz (t تميز), *rein*.
  iämözbesun, *reinigen*.
iärlugö, *Reisig*.
ie, (vielleicht vom arm. ـف, Petermann's Gramm. p. 250 und 132, Not.) *nicht*, § 128.
le (P4), *dass*, §§ 139, 194.
iik, *steil*.
  iik jaq, *Weg von Nord nach Süd, oder umgekehrt*, s. barxi jaq.
  iiklug, *Steilheit*.
iikalaxabsun, *zerbröckeln*, § 34.
iistun, *eilen, laufen*.
  iitalo, *Läufer*
  iiteri, *flüchtig*.
  iistetesun, *beschleunigen*.
iog, *Preis*.
  iogix. *theuer*.
  —besun, *theuer machen*.
  iogixluk. *Theuerung*.
  gölö iogixlug, *dass*.
ioaluk, *Lohn*.
iop, *Haufen, Masse*.
  iopbesun, *anhäufen*.
ioprak, *Beutel*.
iorpesun, *beschmieren, beschmutzen*.
  ioresun, *schmutzig werden*.
  ioregal, *was leicht schmutzig wird*.
iowdesun, *verkaufen*.
  iowdalo, *Verkäufer*.
iüplik, *Topf*.
iuniuris, *Masern*, s. iuniris
ium, *Wurzel, Boden, unten*.

lumen, *unten*.
— biquun, *Wurzel fassen*.
iumlu, *Wurzel-*.
kalkalalumlu, *grosswurzlig*.
guitumlu, *dickwurzlig*.
lumexo bostun. *abstutzen*.
tumow, *Schnupfen*.
iur, G. lurui, iurria. Pl. turmux, *Fuss, Pfote*, §§
    24, 42, 47, 50.
iurba, Adj.
iurin gurdak, *Wade*.
iur squ̥ino, *barfüssig*.
éaxmaxun iur, *Hahn an der Flinte*.
iurkori, *schiefbeinig*.
iur laxsun, *auf etwas treten*.
iul, *Junges*.
ullai iul, *Welp*.
iüttag (t. ڏ ك), *Hirtenflöte*, s. tolot.
— iurpesun, *blasen*.
iün (p. نون), *Töpfcrofen*.
iünd (p. ننڊ). *heiss*.
iündbesun, *erhitzen*.
iündbaksun, *heiss werden*.
tündlux, *Hitze*.
iraqistun, *klopfen*.
iraqidalo, *Klopfer*.
iraqi cyxtesun, *schlagen*.
irrp—rp, Interjection.

dag (p. داغ), *Stempel*.
dagduxsun, *stempeln*.
dastur iastun (т. p. دستور). *erlauben*.
dada (vergl. g. ᲓᲔᲓᲐ, *Taufmutter*), *Herrin*.
dadal (g. ᲓᲐᲓᲐᲚᲘ, dadali), *Hahn*.
axta dadal, *Kapaun*.
dap (p. دب), *Pauke*.
dapéi *Pauker*, § 36.
dabag, *Garbe*, s kaça.
dam, *längst*.
damaxo, *längsther*.
damnai, *alt, längst vergangen*.
damdam, G. damdamun, *Morgen*, § 33.
damdamaxo, *vom Morgen an*.

damurgia, *früh*.
damaun, *morgen*.
darcia (p. دارجيني). *Zimmet*.
dalga (t. دالغه), *Welle*.
dawa (ad), *Kampf, Aufruhr*.
dawabalo, *Kämpfer*.
danä p. دانه), *Korn*.
dang (p. دنگ), *dumm, Thor, Narr*.
danglux, *Dummheit, Narrheit*, § 11.
das (a. درس), *Lection*.
daftar (دفتر), *Evangelium*.
daman (p. دامن), *Saum, Schürze*.
burgoi daman, *Abhang*.
dämürci (t. دمرجي). *Schmied*, § 36.
dard (p. درد), *Kummer*.
dardbesun, *trauern*.
dardlu, *traurig*.
darman (p. درمان), *Heilmittel*.
däi (vergl. arm. դեղին, *gelb*), *grün, blau*.
däi xoxyl, *Frühling*.
dägä, *Hütte*.
därija (p. دريا), *Meer*.
därijin ba, *Seehund*.
dälä (p. دله), *Marder*.
desik (ad. dysik, com tesich. Lex. Petr. p.
    157), *Loch*.
desiklu \
desikba / *löchrig*.
desikbesun, *bohren*.
puldesik, *gierig*.
desun, §§ 88, 91.
dendak, *Dreifuss*.
derewal N., *Eidechse*.
dixändesun, *schelten*.
dizik, *Schlange*.
xenei dizik, *Wasserschlange*.
diu (p. دين), *Glaube*.
ding (t. دوكن, gilan. دانگه, dangeh, Herés. p. 66),
    Flegl.
ding (p. دنج), *still, friedlich*.
dindyg (ad. دنڊک. *Schnabel*.
dindyglamisbesun, *picken*, § 89.

diribaslug (wohl vom t. باش u. دری), *Gewandt-heit.*

dilag (p. دلك), *Ziel.*

dilow (p. دولاب), *Brustwehr.*

diwar (p. دیوار), *Wand.*

  diwarun neq, *Wanze.*

dogri (t. دوغرى), *wahr, wirklich.*

dost, G. dosttai (p. دوست), *Freund.*

  dostlug, *Freundschaft.*

döš, (t. دوش),G. döšnai, *Brust.*

  döšlug, *Brusttuch.*

duabesun, duwabesun, (a. دعا), *beten.*

  salam duwabesun, *grüssen.*

dugma (p. دگمه), *Knopf.*

  dugminex dugsun, *zuknöpfen.*

dugsun, *schlagen,* § 95.

  apči—, *lügen.*

  amkyli—, *gähnen.*

  kal—, *anrühren.*

  gom—, *gründen (Farbe).*

  čаrmаr—, *Feuer anschlagen.*

  zäng—, *länden.*

durut, *Holzblock, Balken.*

durtmišbesun, *mit dem Fusse rucken.*

dyk̨an (p. دكان), *Bank, Laden.*

  dyk̨anči (t. دكانچى), *Händler.*

dyšman (p. دشمن), *Feind.*

  dyšmanly, *feindlich.*

dynia (a. دنیا), *Welt.*

dyryst (p. درست), *gesund, gut, ehrlich, wahr, treu.*

  dyrystlyg, *Gesundheit.*

  elmaxdyrąst, *würdig.*

düz (t. دوز), *eben, gut, geriguet.*

  —besun, *ausgleichen.*

as, *Negativpart.,* § 128.

naq (kasik. naq, *Milch), Molken.*

  myča naq, *süsse Milch.*

  naqyl, *saure Milch.*

nabax (a. p. ناامق), *vergebens.*

nako, *Mütterchen.*

nagil (a. نقل), *Fabel, Anecdote.*

  nagilči, nagil ukalo, *Märchenerzähler.*

naçil, *Imbiss, Frühstück.*

nana, G. nanai, Pl. nananx, *Mutter,* §§ 42, 50.

  nanalug, *Mütterlichkeit.*

nam (p. نم), *Feuchtigkeit.*

  namla (t. نملو), *feucht.*

  namlug, *Feuchtigkeit.*

namaz (p. نماز), *Gebet.*

  namazbesun, *beten.*

narrug, *gestern Abend, vorige Nacht.*

nal (a. نعل),

  nalenbesun, *schmieden.*

  nalenbestesun, *schmieden lassen.*

  naldugsun, *schmieden.*

  —dugestesun, *schmieden lassen.*

  naldugal, *Schmied,* § 35.

naine, *gestern.*

  — bias, *gestrige Nacht.*

  nainua, *gestrig.*

nafas (a. نفس), *Athem.*

  nafas zapsun, *athmen.*

narazilug (t. نارامِضِلق), *Unzufriedenheit.*

nâin (p. ناين), *wenn nicht.*

nâzig (p. نازك), *fein, dünn, klein.*

nâwči (ad. vom p. ناو), *Schiffer,* § 36.

neiš, neyš, *Opfer.*

neq (awar. naku), *Stroh,* S. 8.

  neqba, *Stroh-.*

neš, *Thräne,* § 41.

neç (awar. naç, th. maç), *Laus,* S. 8.

  neçbesun, *verlausen.*

  neçbak̨sun, *lausig werden.*

  neçba, *lausig.*

  neçbalug, *Lausigkeit,* § 37.

nestun, *säuern,* § 23.

  nedesun, *sauer werden.*

nei, *Augenbraue.*

  neilu, *Adj.*

nep (tsch. nâb), *Schlaf.*

  nepaxesun, *einschlafen.*

  nepexamır, *schlaftrunken.*

niko, G. nikonua, *Ball,* § 49.

nišadur (p. نشادر), *Salmiak.*

nišan (p. نشان), *Zeichen, Ziel.*
  nišan tamdzgal, *gut in's Ziel treffend.*
ništar (p. نیشتر), *Rasiermesser.*
nötum, *gelb.*
uuqul, N., *Nahrung, Futter.*
nuš (p. نوش), *Mandel.*
nui, *nicht,* §§ 61, 128.
  nuiabs, *unwissend.*
  nuiabslug, *Unwissenheit.*
  nulotbesun, *Unverschämtheit.*
  nulbotal, *unersättlich.*
  nulbossun, » *sein.*
nüfiš, *umsonst.*

patarak (arm. ⁓⁓⁓), *Messe.*
pätbesun, *drücken, winden.*
pi (aw. bi, tab. iš), G. pinei, *Blut,* § 47.
  piba, *Blut-,* § 39.
  pineenbesun, *blutig machen,* § 89.
  pi qumkal, *Blutegel.*
pinak (პინაკი, pinaki, πίναξ), *Schüssel.*
piling (⁓⁓⁓), *Kupfer.*
pilpil (p. ببل), *Pfeffer.*
poi, Interj., *gut, wohlan.*
  poibaksun, *zufrieden sein.*
purun (N. purum), *wiederum, noch, später.*
puri, *todt.*
  purio, *Todter,* § 35.
  purin, purital zabun, *Sternschnuppe.*
  — — beg, *Röthe am Himmel.*
  purilug, *Sterblichkeit.*
padšag (p. بادشا), *Kaiser.*
  padšaglug, *Kaiserthum.*
pai (t. باى), *Thril.*
paiz (p. پایز), *Herbst.*
paqlu, G. paqlin (t. باقلى), *Bohne.*
pak (p. باغ), *Garten.*
pačas (kum. pasun), *Kürbiss,* §§ 14, 41.
papud (p. بابوش u. t. باپوش), *Schuh.*
pampaluk, N., *Seidenschmetterling.*
paraski (th. parask, georg. პარასკევი, paraskewi, παρασκευή), *Freitag.*
parabsun, *vertragen.*

parč, *Wasserkrug.*
þç, *zwei,* §§ 3. 6 Anm.
þtamat, *Montag.*
þqo, *vierzig,* § 11.
þqoa, *zwölf.*
þbac, *zweihundert,* § 11.
þärän, *neunmal.*
þlen, *ihrer zwei, beide,* § 45.
þelmugea, *schwanger.*
þarax, *zweifach.*
þsbesun, *zerreissen, verletzen.*
þstesun, *ausbreiten.*
þp, *Kleie.*
þuzär (p. پنجره), *Fenster.*
þräkäl, *Seidenschmetterling.*
þrängändä, *Butterwoche.*
pein, *Mist.*
peškäš (p. پیشکش), *Geschenk, Belohnung.*
  —besun, *schenken.*
pesun, *machen, sagen,* §§ 10, 88, 123.
pepalak, (th. peplao), *Schmetterling.*
pi (p. په), *Fett.*
pisi, *Urin.*
pisik, *Kater.*
pis (ad. پس), *schlecht.*
  pis ad, *Gestank.*
  pislug, *Schlechtigkeit.*
pos, *Schutt, Kehricht.*
polik, *Ferkel.*
  suenun polik, *Bärenjunges.*
poš, Pl. pošur, *Haar,* § 41.
  pošba, *behaart.*
  pošlu, *haarig.*
  pošlai tol, *Fell.*
  pošbarsun, *Ausfallen der Haare.*
porsuq (p. بورسوق), *Dachs.*
portbesun, *sich gedulden, ertragen.*
polpesun, *losplatzen, explodiren.*
pošnik, *Ferse.*
pučbaksun, *verschwinden.*
pučbesun, *verschwinden machen, verschwin-
     den, z. B. lengä, Geld.*
pasur, *Trümmer.*
  pasurbaksun, *in Trümmer gehen.*
pusnik, *Minse.*

puaak, *Trauung.*
— besun, *trauen.*
pun3, *Fransen.*
puu3lo, Adj.
purpesun, *fliegen.*
purkal, *fliegend.*
pul (tab. ul), G. pullai, pio, Pl. pulur, pulmur,
Auge, § 65.
pullai qąç, pin qąç, *Augennübel.*
pin zał, *Augapfel.*
pinbesun, *winken.*
pulqinçpesun, *zwinkern.*
pulgieposun, *verblenden.*
pulbiqvun, *beaufsichtigen.*
puldetik, *gierig.*
pez tarpesun, *die Augen reiben.*
pez üptesun, *winken.*
puta, *Quitte.*
puspus, *Lunge, Leber,* § 31.
main puspuş (vergl. t. كَبِر ﺟﮕﺮ), *Leber.*
maçi puspuş (vergl. t. آق جگر), *Lunge.*
puşbesun, *anfeuchten.*
puȳesun, *angefeuchtet werden.*
puȳ, *Buche.*
puȳnal zod, dass.
puȳluȳ, *Buchenhain,* § 37.
psakbesun, *trauern,* s. pusakbesun, §. 20.
prąng, *Katholik,* § 20.
pranglu, *katholisch.*
prąngluȳ, *Katholicismus,* § 37.

faqir (a. فقير), *unglückselig.*
farpesun, *werfen, pauken.*
qoąlqi—, *niederwerfen.*
tüttaȳ—, *die Flöte blasen.*
fakïiluȳbesun (فَالِلُ), *wahrsagen.*
fąhęm (a. فهم), *Einsicht, Verständniss.*
färißta (p. فرشته), *Engel.*
kala färißta, *Erzengel.*
füldesun, *ausholen.*
qoßälki, *mit verkehrter Hand.*
ß, G. ßnei, *Wein.*
ßnaxobesun, *trunken machen.*
ßnazobaKsun, *sich betrinken,* § 94.

ßKir (a. فکر), *Gedanke.*
ßKirbesun, *denken.*
ßKirbalo, *Denker,* § 35.
ßtpesun, *pfeifen.*
fagara (a. فقره), *arm,* § 50.
fagarno, *Armer,* § 35.
fugaraluȳ, *Armuth.*
fupesun, *blasen.*
fuesun, *geblasen, aufgeblasen werden,* *Muth*
bekommen.
fur, *Maser.*
furupesun, *drehen.*
furustun, *drehen machen.*
furudal čarz, *Seilerrad.*
fuqȳesun, *plündern, rauben.*
fuqkal, *Räuber.*

ba, *Präposition,* § 138.
bai, *Vogelkirsche.*
çoça bai, *Kirsche.*
baisun, *eintreten, eingehen,* §§ 17, 93, 96.
baigal, *Eingang.*
baidaȳ (p. بيرق), *Fahne.*
baqi, *flüssig.*
baqibsun, *flüssig machen.*
baqsun, baqesun, *Platz finden* (vergl. awar. bak.
Stelle).
baqestesun, *unterbringen.*
baKsun, *sein, werden, können,* §§ 87, 124, 157,
183.
baKio, *Gewesener,* § 35.
baxtawar (p. بختيار), *gesegnet, glücklich.*
baxtawarluȳ, *Seligkeit.*
baxtin, *für,* § 152.
bagißlamiß (t. باغشلمش), *Geschenk.*
baȳukesun, *brennen.*
baȳuktesun, *anzünden.*
baȳurpesun, *einwickeln,* § 96.
baiqesun, *stehlen.*
basaKsun, *hineinstecken,* §§ 93, 96.
basaKesun, *hineinsaugen, hineingesteckt wer-*
den.
ła basaKesun, *sich erinnern.*

baskesun, *liegen.*
　baskestesun, *legen.*
bast, *genug.*
　bastlug, *Genügsamkeit.*
bastun, *backen,* § 87.
　yçen badi syn, *Honigbrot.*
　eçun bastun, *dreschen.*
bazar (p. بازار), *Markt.*
bazuk, *Achselhöhle*
batkesun, *verderben, umkommen.*
　batewkesun, *in's Verderben stürzen.*
balkesun, *mahlen.*
badak, *Weinsirop.*
badal (a. بدل), *Wechsel, Tausch.*
　badalbesun, *mischen, wechseln, tauschen.*
　badalbaksun, *wechseln.*
bapial, *alter Lappen.*
bapsun, bapesun, *eingiessen, erreichen, einholen, reif werden,* §§ 93, 96.
　bapi, *erreicht, reif.*
　bapsulug, *Reife.*
　bapesbesun, *verschaffen.*
bastesun, *hineinfallen,* § 25.
　ix bastesun, *Andenken.*
　bul bastesun, *Räthsel.*
　ad bastesun, *stinken.*
　bastestesun, *hineinfallen lassen.*
　bex bastesun, *verläumden.*
baba, (t. بابا), Pl. babaux, *Vater,* §§ 42, 50.
　kalababa, *Grossvater.*
　qinbaba, *Schwiegervater.*
　xasbaba, *Taufvater.*
bar, *Theil, Loos, Frucht.*
　barbesun, *zertheilen.*
　barbaksun, *sich theilen.*
　bariastun, *theilen.*
　barabar, *zu gleichen Theilen.*
barislug, *Friede.*
baru (p. بارو), *Wand.*
barxi jaq, *Querweg, von Osten nach Westen, oder umgekehrt.*
barsun, *ausfallen, abfallen, sich zerstreuen,* § 87.
　xaxal barsun, *Laubabfall.*
　pop barsun, *Ausfallen der Haare.*

bartesun, *entlassen, erlauben.*
barpesun, *lassen.*
bala (ad. بال), *Kind.*
balanqo, *Brombeere.*
　jir balanqo, *Himbeere.*
bawa, N. *Vater.*
bawal, *ziemlich.*
bagena (ob von pa), *vorgestern.*
bagargena, *ehevorgestern.*
bačik, *Zickel, Böcklein.*
bae (th. bab), *hundert.*
　sabae, *einhundert.*
　pabae, *zweihundert.*
　bipbae, *vierhundert.*
baçan, *Rücken.*
　baçanqua laxo, *rücklings.*
　baçanqari, *faul.*
　baçanqarilug, *Faulheit.*
　baçankoq, *bucklig.*
baçana (N. badaina, tab. psinôa), *Schwalbe.*
basa, *verfault.*
　basalug, *Verfaultheit.*
　basabaksun, *verfaulen.*
bap, *Gebell.*
　bapsun, *bellen.*
　bapkal, *Beller.*
bar, *neulich.*
　barun, Adj.
balik, *vielleicht.*
　balikam, *dass.*
beikeslug, *lange Weile.*
beinq, beyaq, *Finsterniss, finster.*
　xasnai beinq, *Mondfinsterniss.*
　beinqlug, *Finsterniss.*
　beinqbaksun, *finster werden.*
　beinqbesun, *verfinstern.*
being, beyng, G. beingnu, *Feiertag, Sonntag.*
　belng ki, *Sonntag.*
beinu, G. beinpun, *Priester.*
　beinplug, *Priesterthum.*
bek, G. beknai, *Nadel.*
　bekba, *Nadel-.*
bexesun, *schwellen.*
　bexeci, *geschwollen.*

beg (awar. baq, kasik. barh, *Sonne*), S. 8.
  beǧuai xaš, *Sonnenlicht.*
  beg çegal ẚm, *Osten.*
  beg buibaḳal ẚm, *Westen.*
begsun (th. baǧar), *sehen, Gesicht*, § 81.
  begalo, *Zuschauer, Aufseher.*
becesun, *verlobt werden.*
  bececi gar, *Bräutigam.*
  — xinär, *Braut.*
beẓun, *Schwägerin.*
beš, baši, G. bešitai, *unser*, § 81.
besun, *machen*, § 88.
bessun, *bitten*, § 87.
  besal, besali, *bittend, Bettler.*
besbesun, *tödten.*
  besbi, *getödtet.*
  besbal, *Tödter.*
  besbestesun, *tödten lassen.*
beš, *vor, früher*, §§ 137, 138, 152, 162.
  bešun, *vorig*, — ǧi, *gestern.*
  bešaxo, *längsher.*
  bešçeri, *entgegen.*
  bešpesun, *Vorhersagung.*
bezarbesun, *Ekel erregen.*
bezi, bez, G. bezitai, *mein*, § 81.
bedẚlẚ, *Fisch*, Kala —, *Kröte.*
bedul, *Spaten, Karst.*
ber, *Kissen.*
  berrai eq, *Überzug,*
berzsun, *mahlen.*
  berzesun, *gemahlen werden.*
  berzi, berzeci, *gemahlen.*
  ḥari berzal ga, *Mühle, Mühlstelle.*
  ḳinberzal, *Handmühle.*
belesun eq(vergl. ungar. beléuy, *Auerochs*) *Rindfleisch.*
bias (th. buisu), *Abend.*
  biasun, *Abends.*
  biascoel, *gegen Abend.*
  biabaḳsun, *dunkel werden.*
biesun, *sterben.*
biqesun, *fangen, packen, halten*, Part. biqal, §§ 87, 95.
  ad biqsun, *riechen.*
  elexona —, *mariniren.*

xašna —, *Mondfinsterniss.*
kiresen — *miethen.*
čax —, *frieren.*
hum —, *einwurzeln.*
þul —, *beaufsichtigen.*
biqesun, *gefangen werden.*
Bixaẓuǧ, Ḫyxaẓuǧ, Gen. ǧoi, *Gott*, § 11 (N. Buxaćuǧ), vergl. Afy, Donnergott der Abchasen.
Bixo ḳuštyx (N. Buxaćuǧoi ḳuštix), *Regenbogen.*
biǧobsun, *brüllen.*
bič, *unehrliches Kind, Spitzbube.*
  bičlug, *Spitzbüberei.*
biči, *feucht, nass.*
bisi, *alt.*
  bisi waxtta, *zu alten Zeiten.*
  bisi waxtaxo, *seit alten Zeiten.*
  bisilug, *Alter.*
biatun, *säen*, § 87.
bisiun, *liegen*, § 87.
  xene bisiun, *Ueberschwemmung.*
  biti, *liegend.*
  bilal, *Kissen.*
bitun, *Wiese.*
bilun, auch bieun (t. بتون), *alles*, §§ 45, 85.
bin, *Schwägerin, junge Frau*, §§ 15, 42.
  ini bin, *dass.*
  binik, G. binikun, *Puppe.*
binä, *Wohnung.*
bip, *vier.*
  bip ḳärän, *viermal.*
  bipalen, *ihrer vier*, § 70.
  bipqo, *achtzig.*
  bipqowie, *neunzig.*
  bipbäc, *vierhundert.*
  bipeo, *ringsum*, § 152.
  bipsumat, *Mittwoch.*
bifar, *Zorn.*
  bifaren, *zornig.*
  bifarbesun, *zürnen, strafen, verfluchen.*
  bifarcel, *schändlich.*
  bifaröilug, *Erzürntheit.*
bibik, *Schuhschnabel.*
birinç (p. برنج), *Reis.*

birdąn (t.), *plötzlich.*
billīzār, *Mittag,* § 49.
　bilīzārūn tȯm, *Mittagsbrot.*
boi, *Jugend, Alter.*
　bojen, *jung, erwachsen.*
　bojenbaksun, *erwachsen sein.*
　boilug, *Jugendlichkeit.*
boqo, *Teig.*
boksun, *heiss werden, brennen,* § 87.
　boki, *verbrannt.*
　boksubesun, *anzünden, verbrennen.*
boxo (th. bozo, gross), *hoch, lang.*
　boxolug, *Grösse.*
　boxobesun, *lang machen, fortfahren.*
　boxobaksun, *sich recken.*
boxsun, *kochen,* § 87.
　qafa boxal laker, *Kaffeekanne.*
bog, *Niere.*
bos, *innen, in,* §§ 137, 152.
　boslug, *Innerlichkeit,* § 37.
　bossan, *von innen.*
bossun, *sich sättigen, satt werden,* § 24.
　bosi, *satt.*
　bosewkesun, *sättigen.*
　bossama uksun, *sich satt trinken.*
bossun, *werfen,* § 87
　bosal, *Werfer.*
　bosi, *geworfen.*
　bosesun, *geworfen werden.*
　boseci, *geworfen.*
bostan, *Wassermelone.*
bostun, *schneiden, beschneiden, zuschneiden, zerfressen*
　botolo, *Zuschneider.*
　iüngā botolo. *Münzer.*
bottesun, *eingraben.*
borg (t. قرض), *Schuld.*
　borgąn bastesun, *schuldig werden.*
　borglu (t. قرضلو), *Schuldner.*
bol (t. بول), *genugsam.*
　bollu, *wohlhabend.*
boq, *Schwein.*
　boqo lul, *Ferkel.*

boqmoq, *Nase,* § 11.
　kalaboqmoqlu, *grossnasig.*
bogocal (N. bowocal), *Ring.*
bogopsun, *heulen.*
boçu, *dick fest.*
　boçulug, *Dicke.*
　boçubaksun, *dick werden.*
bōgālū, *tief.*
bu, *ist,* § 125.
bui, *voll, reichlich.*
　builug, *Fülle, Überfluss.*
　buibosun, *füllen, laden.*
　buibaksun, *voll werden, untergehen* (von der Sonne).
　beg buibakal am, *Westen.*
buqsun, *lieben, wünschen,* §§ 87, 130, 157.
　buqal, *lieben.*
　ieux boqal, *sich liebend.*
　buqesun, *geliebt werden.*
　buqeci, *gewünscht.*
bukun, *Bauch.*
　kalabukunla, *Grossbauch.*
buxarik (ad. خاريه), *Ofen, Kamin.*
buxow (t. بخاغي), *Fussfessel.*
bug (t. غبى), *Dampf, Dunst.*
　buglamisbesun, *ausdünsten.*
bus, G. busui, Pl. busur, busurus, *Kameel,* §§ 41, 44, 51.
busa, *hungrig.*
　busalug, buslug, *Hunger.*
bux (t. بزر), Pl. buxur, G. buxusi. *Eis.*
　buxba, *Eis-.*
butesun, *bedeckt werden.*
　buteci, *bedeckt.*
　butkesun, *bedecken, einschliessen.*
　butkeci, *bedeckt,* § 92.
bujurmisbesun (t. بيورمق), *befehlen, bestellen,* § 89.
buxux, G. burgoi, *Berg,* §§ 7, 42, 64.
　burgoi çaçi, *Steindrossel.*
　— dąmą, *Abhang.*
　buruxlu, buruxba, *Berg-.*
burqesun, *anfangen.*
　burqal, *anfangend.*

burġo (t. غربي), *Schraube.*
  burġulamiśbesun, *schrauben.*
bul, G. bullai, bin (tab. qul), *Kopf, Knopf, An-*
    fang, Norden, §§ 24, 47, 65.
  bullai oder bin qac, *Kopfweh.*
  kowalun bul, *Knopf eines Stockes.*
  gergecun bul, *Kuppel.*
  bul koobesun, *grüssen.*
  bul baŝtesun, *Räthsel.*
  bul laxsun, *aufpassen.*
  bulmullaxsun, *vernachlässigen.*
  bex galdesun, *den Kopf schütteln.*
  bex tutosun, *dass.*
  bex baŝtestesun, *verdummden.*
  bexo, *anfänglich, von Alters her.*
  Eslabulla, *grosaköpfig.*
by, *schwer, langsam, beschwert.*
  byo, *Last.*
  bybsun, *beschweren, belasten.*
  bybaКsun, *sich belästigen.*
byġ, *Mitte.*
  tunel byġ, *Mitternacht.*
byby, *Brücke,* § 31.
  bybyġex begulo, *Brückner.*

ma, *damit nicht.* § 128.
—ma, *bis zu,* §§ 33, 11.
ma, *Pronominalstamm,* § 83.
  mano, mano le, *welcher.*
  manoo, *irgendwelcher.*
  manokalle, *keiner.*
  ma, *wohin, wo,* § 134.
  makalnui, makalle, *nirgends.*
  mabaКain, *wohin immer.*
  mal, *woher.*
  makalazola, *nirgendsher.*
  macu, *wie.*
  macua, *was für einer?*
mais (t. مايس), *Mai-Monat.*
maixur, *Trog, Mulde, Brusttuch.*
Mairam (th.), *Maria.*
maz, *Pfahl.*
maxmur (ad. aus dem a. مخمل), *Sammet.*
  maxmurin, *sammeten.*
mahud (p. vulg. ماموت), *Tuch.*

mahla, *Hof.*
mahlumbesun (a. ململو), *bemerken.*
maġa, *hierher.*
  taġa maġa, *hin und her.*
maçi, *weiss.*
  maçiġar, *weisslich.*
  maçibsun, *weissen.*
  maçibalo, *Weissmacher.*
  maçiluġ, *Weisse.*
  maçbaКsun, *weiss werden.*
  maçi kul, *Kreide.*
maza, *Quaste.*
  qoliumaz, *Achselzwickel.*
maŝkatikal (N. mäŝkätil), *Fledermaus.*
masxara (a. مسخره), *Possenreisser.*
  masxaralug, *Posse.*
mal (p. مات), *Wunder.*
  maiba, mallu, *wunderbar.*
  maibesun, *in Staunen setzen.*
  maibaКsun, *sich wundern.*
  malluġ, *Staunen.*
maliar, *Stallknecht.*
madian (p. مادیان), *Stute.*
mano, mano le, Pl. manor, *welcher,* §§ 83, 84.
  manoo, *irgendwer,* § 85.
mangal (arm. ܡܐܢܓܠ), *Sense.*
mandak, *erschöpft, müde.*
  mandakluġ, *Erschöpfung.*
  mandakbesun, *erschöpfen.*
  mandakbaКsun, *sich erschöpfen.*
  qnenen mandakbaКsun, *sich satt weinen.*
mandesun (p. ماندن), *bleiben, nachbleiben.*
  ajan mandesun, *munter bleiben.*
  ajan mandal, *munter.*
  mandio, *Deficit.*
mapsun, *blöken.*
mar, G. marrai, *Eiter.*
  marba, *faulend.*
marua (arm. ܡܐܪܘܐ), *Weinkeller.*
maresun, *zu Ende gehen.*
marxal, *Lavine.*
Mart, G. Marttal, *März.*
marlat, *Waschgefäss.*

mal, wenig.
malaka, Löffel.
—serbal, Löffelmacher.
ma, G. maei, Mark, Gehirn, § 47.
main, schwarz.
malngo, Wange.
maçal, Most.
masal, Material.
mamysak, Veilchen.
marjan (a. مرجان), Koralle.
märmär (a. مرمر), Marmor, § 31.
mäx (tb. mux), Eiche.
maxusi xod, Eichbaum.
mäg (th. mox), Lied.
—pesun, singen.
mäuRänä (a. مشينه, gr. μηχανή), Maschine.
mäftül (a. مفتول), Draht.
me, G. metai, dieser.
meta qali, me qali, indessen.
mel cirik, bis jetzt, § 134.
melar, auf solche Weise.
mer, also, S. 70.
mia, hierher.
tia mia, irgendwo.
migi, sich hier!
malin, s. telin.
mema, soviel, § 82.
me, G. menei, mene, Pl. meur, Messer, § 41.
me serbal, Messerschmied.
mene rumox, Messerschneide.
meimun (t. مایمون), Affe.
mex, Wurm.
mex, Sichel.
megeç, Hundslaus.
mečld (a. مسجد), Moschee.
mečeć, Leichdorn, Warze.
meç, Nessel.
mee, Nest.
meeba, Adj.
meebiqsun, nisten.
koxmoclug, Häuslichkeit.
meran, Schwert, s. me.
meranua rumox, Klinge.
mel, G. mellai, Ratte, Maus.
mella iul, Rätzchen.

melbiqalo, Mäusefänger.
mi, Kälte, Frost.
milug, Frostigkeit.
mibesun, Erkältung.
mibalo, Fröstling.
mibestun, erkälten.
mikitun, Marktender.
mix (p. میخ), Nagel.
mixlu, Adj.
mixak (arm. ..., p. میخك), Nelke.
mixakun xod, Nelkenbaum.
mixaklu, Adj.
miçik, (N.), klein.
mis, G. missai (p. مس), Kupfer.
misba, Adj., § 39.
miskar, Kupferschmied.
ministriuz, Ministerium.
minot, Minute.
miri, s. kiri.
milgonç, Eidechse.
mogorbesun, wecken.
mogorboRsun, wachen.
mogorestun, betrügen, locken.
mogoredalo, Schmeichler.
moçak (arm. ...), Mücke.
mosaq, Tiger.
mori, Kalb.
mono, dieser, §§ 16, 45; 82.
momoç, Pl. momoçur, momoçux, Rotz, § 41.
momoçenbesun, sich schnäuzen.
mori, s. kori.
mu (tsch. mux), Gerste.
muq, Russ.
muqenbesun, räuchern.
muqenbaki, räucherig.
muqali, Vorsicht.
muqalien, vorsichtig, sparsam.
muqalibaRsun, Acht haben.
muk, Hirsch.
mux, Nagel, Fingernagel.
kia mux, Fingernagel.
turrai mux, Fussnagel, Kralle.
mugin, Abendmahl.

muǧul, Bеarn
  muǧulèi, Kehrer, § 36.
muǧ, acht.
  muǧeçǧe, achtzehn.
muĉsun (vergl. p. اما), küssen.
  muĉesun, geküsst werden.
muça, Handvoll.
muĉullui, N., die Plejaden.
muçalbesun, aushülsen.
mus (th. mox, qar. muĉu), Wind; S. 8, § 41.
  mustu, windig.
  — baⱪsun, windig sein
  musluǧ, Windigkeit.
  musustun, worfeln.
  musudeci, geworfelt.
musalakbesun, ringen.
  musalakkal, Ringer.
musti (p. مشنی), Faust.
mos (kasik. mas, awar. maç, th. mou), G. mu-
    zei, Zunge, § 48.
  muzla, Erzähler, § 39.
  muçamuzlu, süsszüngig, beredt.
  muçamuzluǧ. Beredtsamkeit.
  muçamuzenne, er ist beredt.
mum (p. موم), G. momaai, Wachs.
mur, G. murrai, Rohr, Schilf.
  murupsun, murren, lärmen.
  murukalo, Lärmer.
murtar (p. مردار), schändlich.
  murtarluǧ, Schändlichkeit.
  murdarbaⱪsun, verrecken.
murdal (p. مردار), schlecht.
  murdalluǧ, Schlechtigkeit.
muh, des Mannes Schwester, Schwägerin.
muq, froh.
  muqbesun, erfreuen.
  muqbaⱪsun, froh sein.
  muqluǧ. Freude, § 11.
moqa, Horn.
  muqa lesun, überall stossen.
muḫa, Schwiegersohn.
muça (vergl. th. moç, kasik. siç, Honig u. th.
        maçri, kasik. nicuĉa, süss), süss, s. ɥo.
  — besun, versüssen.
  muça naq, Milch.

muça naqlu, milchig.
muça naq çumkal, Säugethier.
muçamuzlu, beredt.

ja (p. يا), oder, § 193.
jaima (t. بابا) Brei, Grütze.
jailuǧ, Tuch.
  qoqa jailuǧ, Halstuch.
jaur (t. ای u. ج ارم), Bogen.
jaq (th. niq, Stamm naq, aw. uox), G. jaqsai,
    Pl. jaqurmux, Weg, S. 8. § 44.
  jaqaxo çewkesun, verführen.
  jaqa eĉsun, bessern.
  jaq aсesbesun, sich verirren.
  jaq aсes, irrend.
  jaqabsun, schicken.
  jaqaxbesun, erwarten.
jasamun (p. ياسمون), Jasmin.
jan, wir.
japusqon (t. بابشفن), Leim.
japunǧ (t. بابونه), Mantel, Pelz.
jamalaǧbesun't (t. بيملق), flicken.
jambesun, glätten, schmieren.
  jamesun, geglättet werden.
jara (t. بار), Geschwür.
jaraǧlamisbesun (t. براقلق), bewaffnen.
jal (t. بال), Mähne.
jeⱪo, gross.
jesir (a. اسیر), Gefangener.
  jesirluǧ, Gefangenschaft.
jemiš (t. یمش), Frucht.
jikbesun, streuen, säen.
  harijikkalo, Mehlbeutler.
joxiš, Steilheit.
  joxišluǧ, dass.
jorⱪa eⱪ (t. يورغه), Passgänger.
joldaš (t. يولداش), Kamerad, Reisegefährte.
jönü, N., rechts.
jawu, weich.
  jawubesun, weich machen.

rati (u. راضی), zufrieden, genügend, § 19.
  ratiluǧ, Zufriedenheit, Dank.

rąmpesun (vergl. p. دمیل), *vernichten, verderben, ausrotten.*
  raunkai, *Vernichter.*
  ramesun, *vernichtet werden.*
räk (a. رخو), *weich,* §§ 19, 40
  räklug, *Weichheit.*
  räkbesun, *weich machen.*

la, *Präposition,* § 138.
laisun, *aufsteigen, klettern,* §§ 17, 93.
  laigalo, *Kletterer*
  alalaisun, *emporsteigen.*
laq, *erloschen, verfault.*
  laqlaq, *sehr verfault,* § 38.
  laqlug, *Verfaultheit.*
laxo, *auf,* § 152.
  laxaxo, *von oben.*
  laxoçesun, *anwachsen, gegen etwas stossen.*
  laxopesun, *eindringen.*
  laxobegsun, *beaufsichtigen.*
  laxobaskesun, *auf etwas eindringen.*
  laxoţqbesun, *auflegen, aufladen.*
laxsun, *legen, stellen.*
  çi laxsun, *benennen.*
  iur laxsun, *auftreten.*
  imuxlaxsun, *aufpassen, hören.*
  bullaxsun, *beaufsichtigen.*
  laxesun, *gelegt werden.*
  laxalo, *Last, Ladung.*
laóaqbesun, *befestigen, anbinden.*
  laçaqesun, *berühren, ankleben.*
laxaq, *Körper.*
lastun, *schmieren, glätten,* §§ 23, 93, 96.
  gomladalo, *Farbenreiber.*

laxaliu (a. لّذة), *angenehm.*
laxum (a. لازم), *nöthig.*
laþ, *gänzlich, sehr.*
lapsun, *anziehen,* § 96.
  lapestesun, *anziehen.*
lapéin, *Stiefel.*
laftesun, *stossen, verletzen, berühren,* § 96
lampesun, *lecken.*
  lamesun, *geleckt werden.*
  lamalo, *Lecker.*

larapesun, *überfallen, angreifen.*
lari, *ähnlich, gleich,* § 136.
  larike, *dass.*
lal (a. لعل), *Rubin.*
lal (p. لال), *stumm.*
  lallug, *Stummheit.*
  lalbesun, *stumm machen.*
lalakan, *Schuh, Pantoffel,* §§ 31, 42.
  lalakanói, *Schuhmacher.*
  lalakanéilug, *Schuhmacherei.*
lawa (p. دلاو), *Gebet.*
  lawabsun, *beten.*
lawkesun, *aufreihen.*
  lawesun, *aufgereiht werden.*
laifa (a. لحاف), *Decke.*
lagar, *trüb.*
  lagarbesun, *trüben.*
laéan, *Schleier.*
lasko, *Ehe, Heirath.*
  laskopsun, *heirathen.*
lägäldesun, *ausspülen, anfeuchten,* § 91.
läng (t. لنك), *Schritt.*
längläng (p. t. كلنك), *Kranich,* § 31.
läwet (p. لوید, λέβης), *Kessel, Topf,* S. 8.
leker, *Gefäss.*
  xexe leker, *Wasserkrug.*
leipesun, *stöhnen, schnattern.*
ligir, *zusammen.*
likar, *Streif, Strich, Furche, Pfad.*
  toáanun likar, *Hasenfährte.*
  likarbesun, *Furchen ziehen.*
liptesun, *flimmern, blitzen.*
  liptal, *Blitz.*
liplipkal, *Schläfe,* § 31.
lo, lo, *Interject.*
  lolobsun, *einlullen,* § 33.
lorçe, *Wiege.*
lolik, *dass.*
läläk, *Gefäss.*

wai, *Kummer.*
  waibesun, *ächzen.*
waxt (a. وقت), *Zeit.*

waxtlu, *Zeit-*
waxtluǧ, *Zeitlichkeit.*
waxtwaxt, *von Zeit zu Zeit.*
bisi waxtaxo, *seit Alters.*
waxtlu, N. *wegen,* s. ḫaxtlu
war (kurd. ḫar), *toll.*
   warbesun, *toll machen.*
   warbaksun, *toll sein.*
wạn, *ihr.*
wạbesun, *einreden.*
. wạbaksun, *glauben, eingehen.*
   wạbaksutesun, *einflössen.*
wạrawụrdbesun, *beobachten.*
wạrdiš, wạrǧiš (p. ورزش), *Übung, Gewohnheit.*
   wạrdišbesun, *gewöhnen.*

wel, O. wellai, *Ziegenbock.*
   xuni wel, *Ziege.*
   wellai tol, *Ziegenfell.*
wi, *dein,* § 81.
wiči, G. wičei, Pl. wičimux, *Bruder,* §§ 43, 48.
   wičiluǧ, *Brüderlichkeit,* § 37.
wičik, *Herr.*
wïo, *zehn.*
   wiçkärän, *zehnfach.*
   wiçoun, *der zehnte.*
wui, *neun,* § 68.
   wujeççe, *neunzehn.*
   wujeççeun, *der neunzehnte.*
wuǧ (tab. wugub), *sieben.*
   wuǧeoçe, *siebenzehn.*

NACHTRÄGE UND BERICHTIGUNGEN.

Seite 4 Zeile 27 von oben: Arḳer Iwaṣ.
 — 8 Anmerkung. Obwohl Chamajanz das Wort qilin in der Bedeutung eines Geld-
     stücks nicht kennt, ist mir durch eine später eingetroffene Notiz Stephan Be-
     shanows das Wort in dieser Bedeutung bestätigt worden, weshalb auch im Wör-
     terbuch S. 80 darauf Rücksicht genommen worden ist.
 — 9 Zeile 6 v. o. q, ṣ, ḫ, h, k, Ḳ, x, g, ġ: Z. 3 v. u. ụṣ.
 — 10 — 10 v. u. § 79 statt § 74.
 — 15 — 2 und 16 v. o. ist ¢oçą statt ¢oçą zu lesen, Z. 11 aber ụqenbą und ụqeą.
 — 17 — 5 v. o. ụçei von ụç; Z. 16 f. barin von bari, Mehl, ¢ąli von ¢ąli, Fisch.
 — 19 — 4 v. o. § 45 statt § 35.
 — 20 — 21 und 22 v. o. 6, ụṣ, 16, ụṣeçę.
 — — — 4 v. u. xibelen, bipalen.·
 — 21 — 7 v. u. ṭụmen statt ṭụmen.
 — 23 — 18 v. o. sinemisbesun, prüfen.
 — — — 12 v. u. § 89* statt § 89: Z. 7 v. u. ạxṣụmp̣esun, ạxṣụm.
 — 24 — 3 v. o. iaredesun; Z. 10 oçkesun, oçesun; Z. 12 Ḳarxesun.
 — 25 — 18 v. u. § 24, 3 statt § 161.
 — 28 — 20 v. o. § 121. Hängt die Gerundialendung taṇ mit dem georg. თანა, ჲანა,
     თან, ian, welches namentlich beim Pronomen als Comitativendung auftritt, zusam-
     men, so wäre natürlich taṇ zu schreiben; vergl. das unten zu S. 48 Z. 9 Bemerkte.
 — 29 § 129. Nach einer Mittheilung von Chamajanz werden die beiden Verba uḳsun,
     essen, und uġsun, trinken, also in der Mundart von Nidsh flectirt:

		Präsens.		Imperfectum.		Perfectum.	
S.	1. zu uzḲesa	uzġesa	uzḲesai	uzgesai	Ḳebez	uġez
	2. bun unḲesa	unġsa	unḲesai	onġesai	Ḳeben	uġen
	3. ótin uneḲsa	uneġsa	uneḲsai	uneġsai	Ḳehene	uġene
Pl.	1. jen ojanḲsa	ojanġsa	ojanḲsai	ojangsai	Ḳehejan	uġejan
	2. wạn ṣuanḲsa	unanġsa	unanḲsai	unanġsai	Ḳebenan	uġenan
	3. totġon utunḲsa	utunġsa	utunḲsai	utunġsai	Ḳehetun	uġetun

Seite 33 Zl. 21 v. o. kalpesqundo statt kalpesqundo.
— 38 — 13 v. u. mųbųxal.
— 39 — 10 v. o. yqenalle... *erstarrten*; Z. 11 v. u. § 8 statt § 58.
— 40 — 11 v. u. Auch die Zeitwörter des *Könnens*, *Wollens*, *Müssens*.
— 44 — 13 v. u. Bȷȧzugon.
— 45 — 6 v. o. iastuna statt laztuna; Z. 13 v. u. oçeǥal parial.
— 48 — 11 • Die Form bitesgolan findet ihre Erklärung nicht in dem vorhergehenden
  Entwurfe der Sprachlehre; sie scheint mit der Comitativendung ıoı zusammenzu-
  hängen, vielleicht ist die Form aber richtiger ıolloa, so dass vielleicht die uns
  schon bekannte Gerundialform taa (s. § 121 und Nachträge) im Anlaut eine Assimilation erlitten hat. Hr. Kowalensky hat ausserdem die Beispiele: kalpasgolan,
  baskesgolan, arcesgolan, bitesgolan von den Zeitwörtern kalpesun, *lesen*, baskesun, *liegen*,
  arcesun, *sitzen*, und bistun, *liegen*, aufgezeichnet.
— 50 Zeile 9 v. o. pis statt pis.
— 51 — 11 • gergecax statt gergecar.
— 52 — 2 • iapþi.
— 53 — 9 • ȷa ðar.
— 62 — 3 • telǥar.
— 65 — 15 • iapta.
— 66 — 5, 6, 8 v. o. ćalial, ćalinax, ćalinaxal.
— 67 — 11 v. o. äǥär aamuzen otbeiestain; Z. 12 v. o. gürdũmae; Z. 2 v. u. *rühmt sich*.
— 68 — 1 • ȷoqilin...
— 71 — 14 • tiKijal.
— 75 Spalte 1 Z. 12 v. u. as, *Sache*, hat noch eine andere Genitivform aslai, so wie xas,
  Mond, auch den Genitiv xaslai; man vergleiche S. 56 Z. 10, S. 66 Z. 8 und S. 71
  Z. 2 v. u. aslai, S. 60 Z. 12 v. o. asla qotian.
— — Sp. 2 Z. 16 v. o. § 37 statt § 57.
— 77 — 2 — 15 v. o. ie.
— 78 — 2 — 7 v. o. osle, oçle.
— 79 — 2 — 10 yqea wird von Berger der Mundart von Nidsh zugewiesen, oqoa
  oder oqea der Mundart von Wartaschen, in den Beshanow'schen Texten finden
  wir beide Formen gebraucht.
— 82 Spalte 1 Zeile 13 v. o. das aderb. Wort, aus welchem haćar entstanden ist, schreibt
  man اِبال.
— — Sp. 2 Z. 24 v. o. ƈᴐᴘᴇᴑ.
— 83 — 1 — 14 v. u. ƈᴐᴘᴡᴇȷ; Sp. 2 Z. 9 v. u. § 62 statt § 45.
— 88 — 1 — 13 v. o. § 33 statt § 83.
— 92 — .1 — 22 • ᴇᴇᴧᴕᴅᴕᴧᴩᴩᴇ.
— 93 — 2 — 9 v. u. § 8 statt § 9.

Seite 98 Sp. 2 Z. 21 v. u. pis, *schlecht*, hängt mit dem gleichlautenden persischen Worte, das die Bedeutung «*Aussatz*» hat, begrifflich so zusammen, wie das georgische ბოროტი, *boroti*, *schlecht*, mit dem arm. բորոտ, *aussätzig*, von բոր, *Aussatz*.

— 99 Sp. 1 Z. 1 v. o. pusak (arm. պսակ), *Trauung*.

    Zum Schluss darf ich wohl wiederholen, dass ich, was die Aussprache der einzelnen Laute anbetrifft, mich nur auf unvollkommene Texte und fremde Ohren habe verlassen müssen, weshalb in lautlicher Beziehung von mir nur höchst Mangelhaftes hat geleistet werden können. Aus diesem Grunde wird man auch verschiedene kleine Ungenauigkeiten im Gebrauch der getrübten Vocale ä, ö, ü und der mit ihnen abwechselnden ä, ọ, ụ, so wie Verwechslung von e und i, welche Vocale übrigens in mehreren kaukasischen Sprachen dem europäischen Ohre schwer unterscheidbar sind, entschuldigen müssen. Dasselbe gilt von der Anwendung der harten Consonante k, t, p, so wie von g den aspirirten k, t, p und ǵ gegenüber; wie man denn bald çalag, bald çalaǵ geschrieben findet. Was ich geboten habe, ist nur ein Versuch, und zwar ein erster Versuch für die Erforschung einer leider untergehenden Sprache.